Sonia de los Angeles López Pérez
Edwin Santamaría-Freire
Julio Mocha-Bonilla

# Analisi dei problemi di composizione scritta della lingua inglese

AF144342

Sonia de los Angeles López Pérez
Edwin Santamaría-Freire
Julio Mocha-Bonilla

# Analisi dei problemi di composizione scritta della lingua inglese

ScienciaScripts

Cover image: www.ingimage.com

This book is a translation from the original published under ISBN 978-3-330-08886-3.

Publisher:
Sciencia Scripts
is a trademark of
Dodo Books Indian Ocean Ltd. and OmniScriptum S.R.L publishing group

120 High Road, East Finchley, London, N2 9ED, United Kingdom
Str. Armeneasca 28/1, office 1, Chisinau MD-2012, Republic of Moldova, Europe
Printed at: see last page
**ISBN: 978-620-7-38841-7**

# INDICE DEI CONTENUTI

# Prefazione

Le lingue straniere sono sempre state presenti nella mente degli studenti di tutto il mondo. Tuttavia, padroneggiare una lingua non è così facile e gli studenti non sono stati in grado di parlare correttamente e fluentemente le lingue straniere a livello personale o professionale. Da qui l'importanza delle politiche dei Paesi e delle istituzioni scolastiche, dove si è stabilito quale lingua straniera debba essere insegnata, le ore di insegnamento, il materiale didattico e il tempo da dedicare allo studio. Il risultato è stato che ogni istituto ha sviluppato il proprio programma in base alle proprie esigenze.

Questo ha causato un problema agli studenti che, per motivi personali, sono passati da un'istituzione scolastica all'altra; non hanno potuto approvare il corso di lingua straniera nonostante il tempo e gli sforzi impiegati.       Le carenze sono state evidenti nelle competenze orali e scritte.
Watcharapunyawong e Yusaha (2012) affermano che l'abilità scritta è difficile da assimilare per gli studenti di lingue straniere. Tuttavia, è anche quella che fornisce il maggior numero di prove, poiché le informazioni ottenute sono registrate su carta.

Nell'ambito del processo di acquisizione di una lingua, gli studenti devono svolgere diversi tipi di esercizi, quali abbinamento, scelta multipla e sostituzione, tra le altre alternative che possono essere utilizzate per raggiungere gli obiettivi fissati durante le ore di lezione, consolidando così le conoscenze acquisite sulla lingua.

Le abilità sono intimamente legate l'una all'altra, ma ognuna ha le proprie caratteristiche. Come gli studenti hanno stili di apprendimento diversi, così non sviluppano ogni abilità nello stesso modo.

Per alcuni studenti le abilità ricettive e produttive possono essere facili o difficili da assimilare, a seconda delle loro capacità e del loro amore per le lingue. In base al lavoro svolto a livello universitario nei diversi livelli, si è osservato che la produzione scritta è difficile da consolidare per la maggior parte degli studenti universitari.

In generale, l'abilità di scrittura viene svolta dopo che lo studente ha svolto esercizi grammaticali e uditivi ed è stato anche in grado di ottenere informazioni attraverso la lettura. Con l'esercizio scritto gli studenti possono esprimere le loro idee, i loro pensieri e le loro opinioni secondo i diversi stili di scrittura che devono essere sviluppati nei diversi livelli di studio offerti dalle agenzie autorizzate per l'insegnamento delle lingue straniere.

Con questa idea in mente, i ricercatori hanno cercato informazioni sulle abilità di scrittura a livello di università ecuadoriane. Le informazioni verificate erano limitate e riguardavano diversi aspetti, ma non è stato possibile trovare studi sui fallimenti che gli studenti commettono in questa abilità in modo consecutivo.

Sono state proposte due ipotesi di lavoro. La prima intendeva individuare se vi fossero carenze nella gestione degli elementi grammaticali e nella valutazione da parte degli studenti della modalità regolare. La seconda cercava informazioni sull'effetto della tecnica di feedback utilizzata con i gruppi controllati. Ciò ha permesso di identificare le variabili corrispondenti. Così, la variabile dipendente è legata alla produzione di errori che gli studenti commettono ai rispettivi livelli. La variabile indipendente è costituita dai gruppi che partecipano alla presente ricerca.

Come parte del gruppo di insegnamento che lavora nel Modalidad Regular del Departamento Especializado de Idiomas[i], mi è stato assegnato il livello principiante A1 della lingua inglese. Il test diagnostico è stato applicato per sapere quanto gli studenti conoscono la lingua e ha mostrato che la loro conoscenza della lingua era limitata. Ho quindi deciso di chiedere loro quale fosse l'abilità che trovavano più difficile da gestire e quali fossero i motivi. Tra le varie risposte, gli studenti hanno dichiarato che: hanno svolto esercizi controllati, esercizi di ascolto e brevi letture, è stato chiesto loro di scrivere alcune righe in cui erano presenti errori di vario tipo. Tutte queste informazioni sono state lasciate in ogni semestre e non c'è stato un follow-up perché gli studenti hanno cambiato insegnante, programma, hanno interrotto lo studio della lingua per vari motivi o perché non hanno superato il corso.

Pertanto, dopo un periodo di incertezza su quale aspetto si potesse lavorare e che avrebbe contribuito in modo significativo al processo di apprendimento della lingua per gli studenti, si è deciso di lavorare sull'identificazione dei problemi che gli studenti

---

[i] DEDI: Departamento Especializado de Inglés.

di inglese devono affrontare quando fanno le loro composizioni scritte nelle prove finali di ogni trimestre.

Sono state esaminate diverse ricerche sugli aspetti grammaticali in diversi livelli di insegnamento dell'inglese come lingua straniera, in particolare Tan (2006), Diez-Bedman (2011) e Taghavi (2012). Questi lavori si sono concentrati su diversi aspetti grammaticali, ma non è stato possibile trovare studi sequenziali. Tuttavia, è stato possibile identificare i concetti che avrebbero guidato il presente lavoro scritto e che sono menzionati di seguito.

In primo luogo, ogni Paese ha la sua lingua ufficiale; tuttavia, può esistere anche una lingua straniera. Questa lingua viene insegnata obbligatoriamente nei primi anni di scuola ed è di libero uso per i cittadini, cioè viene utilizzata nei luoghi pubblici e privati come mezzo di comunicazione sia orale che scritta.

In secondo luogo, si intende per lingua straniera quella lingua che una persona sceglie in base alle proprie esigenze educative o alla propria motivazione. Questa lingua viene insegnata in uno spazio delimitato, come le aule di un'istituzione o di un centro educativo. Per l'insegnamento si può utilizzare un libro guida o un modulo e c'è un processo prestabilito per la promozione delle persone che la studiano.

In terzo luogo, ogni lingua è composta da abilità di ascolto, lettura, conversazione e scrittura. Ogni persona impara una lingua a modo suo e sviluppa ogni abilità. Ogni abilità linguistica non può essere sviluppata in modo indipendente, perché le abilità linguistiche sono interconnesse e forniscono informazioni utili che possono essere riutilizzate in diversi tipi di esercizi.

Nella presente ricerca ci concentriamo sull'abilità di scrittura. L'abilità in sé è molto ampia, ma sono stati presi come riferimento i lavori esaminati e le attività da svolgere da parte degli studenti del Dipartimento di Lingua Inglese Specializzata (DEDI) dei diversi livelli per trovare un punto in comune tra loro. Dall'analisi precedente, è stato possibile determinare che l'opzione migliore sarebbe stata quella di lavorare con la composizione realizzata dagli studenti nella prova finale di ogni trimestre.

In quarto luogo, abbiamo gli elementi grammaticali con i quali è possibile elaborare diversi tipi di elaborati scritti. In altre parole, lavorerete con aggettivi, avverbi, determinanti, preposizioni, pronomi, soggetti e verbi. Questi elementi sono presenti nei diversi tipi di testi che è possibile sviluppare con gli studenti, in modo da rafforzare le conoscenze ricevute in classe. Va tenuto presente che ognuno di questi elementi svolge un ruolo importante per l'emissione del messaggio scritto.

Al quinto posto, vengono citati gli elementi di valutazione utilizzati dal (DEDI). Si tratta di fluidità, organizzazione, ortografia, punteggiatura e vocabolario. Questi elementi formano una rubrica attraverso la quale gli insegnanti di inglese valutano il lavoro scritto degli studenti di questa unità accademica.

Per la presente ricerca è stato preso in esame il lavoro svolto da Taghavi (2012), che si occupa delle composizioni realizzate da studenti iraniani con un livello intermedio basso di lingua inglese. Dall'analisi effettuata sui documenti raccolti, gli elementi di studio sono stati classificati in base al numero di errori commessi dagli studenti. Dai risultati ottenuti si è potuto notare che l'uso degli articoli (fanno parte dei determinativi) è stato indicato come l'elemento più difficile da gestire correttamente. In misura minore si riscontrano le preposizioni e con un'incidenza minima gli errori con l'uso dei pronomi.

Un contributo significativo nell'ambito di questa competenza viene da Diez-Bedmar (2011), che ha stilato una classifica degli errori commessi dagli studenti durante la stesura delle composizioni nell'ambito degli esami richiesti per accedere al livello universitario. Nei risultati ottenuti, l'uso della grammatica viene identificato come la parte più difficile da gestire. D'altra parte, si evidenzia che, sebbene gli studenti abbiano problemi nell'uso corretto dei segni di punteggiatura, la loro incidenza nella trasmissione del messaggio al lettore è minima.

Sulla stessa linea di lavoro si colloca un'indagine condotta da Tan (2006), realizzata con studenti del secondo anno. I risultati hanno mostrato che i verbi e le preposizioni sono tra gli elementi valutati di maggiore difficoltà di gestione da parte degli studenti. In misura minore sono gli articoli (parte dei determinativi) e l'ortografia.

La presente ricerca è stata condotta presso il DEDI dell'Università Tecnica di Ambato. Si inquadra in uno studio descrittivo di tipo pre-sperimentale "perché il grado di controllo è minimo" (Hernandez et al., 2010, p. 136). Il gruppo controllato era formato da 54 studenti di due classi e il gruppo non controllato da 56 studenti di altre due classi. Quest'ultimo gruppo non ha partecipato al processo di feedback.

I gruppi di studio selezionati per la ricerca sono stati quelli degli studenti iscritti a ciascuna classe. Tuttavia, per la selezione sono stati presi in considerazione due aspetti: il primo è stato l'iscrizione effettuata dallo studente, che ha scelto la lingua e l'orario che desiderava studiare. In secondo luogo, si è tenuto conto del fatto che alcuni studenti avevano fatto il test d'ingresso ed erano stati inseriti in questo livello. Per quanto riguarda l'età degli studenti, è emerso che la maggior parte oscillava tra i 18 e i 20 anni. La maggior parte di loro proveniva da scuole pubbliche ed era stata a contatto con la lingua inglese per circa 5 anni, ma non aveva una buona padronanza della lingua. Va detto che il gruppo non controllato presentava le stesse caratteristiche.

Allo stesso modo, il personale docente è assegnato direttamente dal Direttore del DEDI. Gli insegnanti ricevono le informazioni sul livello di inglese che insegneranno durante il trimestre e sul numero di paralleli a loro assegnati. Successivamente, si è tenuto un incontro informale con gli insegnanti che si sono occupati del livello Beginner A1 nel periodo settembre 2012 - febbraio 2013, i quali si sono dimostrati molto interessati a svolgere il lavoro di ricerca e, di comune accordo, si è deciso chi si sarebbe occupato del gruppo controllato e non controllato.

Poiché gli insegnanti pianificano le lezioni in anticipo, il ricercatore ha potuto controllare i contenuti da insegnare e creare i fogli di lavoro che avrebbero fatto parte del processo di feedback. Il processo di feedback è stato scelto in base a quello citato da Jensen (2004), secondo il quale il feedback è utile quando viene fatto immediatamente a beneficio delle persone che studiano una lingua straniera; allo stesso modo è molto importante come strategia di riparazione o disposizione correttiva nella riparazione e nel trattamento degli errori grammaticali. (Osborn, 2005). Per questo motivo, questa tecnica è stata incorporata all'interno della classe di insegnamento del semestre settembre 2012 - febbraio 2013 e dei due termini successivi. Il tempo dedicato al feedback era l'ultimo minuto del periodo di lezione scelto a questo scopo. Il ricercatore e l'insegnante di ogni classe avevano precedentemente concordato un orario.

Il processo di feedback consisteva in diverse fasi: In primo luogo, è stato organizzato un programma di lavoro per evitare qualsiasi interruzione del piano di lezione dell'istruttore. Poi è stata organizzata una lezione espositiva dell'elemento che sarebbe stato trattato, per spiegare agli studenti il lavoro che avrebbero dovuto svolgere. Le dispense, precedentemente progettate e approvate dagli istruttori di ogni classe, sono state consegnate agli studenti. L'obiettivo del ricercatore era quello di contribuire in modo significativo al processo di apprendimento della lingua.

Ogni foglio di lavoro conteneva informazioni pertinenti e concise sull'argomento da trattare, oltre a diversi tipi di esercizi come la scelta della parola corretta, esercizi di abbinamento, selezione libera e risposta concreta, tra gli altri. La terza parte ha dato agli studenti l'opportunità di scrivere le proprie idee. Mentre gli studenti svolgevano i compiti sui fogli di lavoro, venivano monitorati e aiutati. I dubbi sono stati chiariti quando necessario e in tutti i casi è stato possibile controllare le risposte e i feedback degli studenti.

La valutazione finale è stata effettuata quando gli studenti hanno scritto la loro ultima composizione nel test finale. Una volta corretti i test, il ricercatore ha iniziato l'analisi e la codifica degli errori. Sono stati analizzati gli errori di omissione degli elementi grammaticali precedentemente selezionati e gli elementi di valutazione.

Successivamente, ciascuno di questi elementi è stato tabulato per identificare in quali componenti gli studenti, nonostante il lavoro svolto attraverso il processo di feedback, avevano nuovamente commesso gli stessi errori.

Parte delle informazioni potrebbero essere messe in contrasto con quelle fornite da Diez-Bedmar (2011). Si è potuto dimostrare che l'uso corretto della grammatica è un problema serio, ma non ci sono state somiglianze per quanto riguarda l'uso dei segni di punteggiatura nell'elaborazione degli elaborati scritti. Infine, nella presente ricerca è stato possibile individuare che gli studenti del livello pre-intermedio B1 non sanno come organizzare le proprie idee prima di scrivere.

Il presente lavoro si conclude con la presentazione delle linee future con cui si vuole generare un avanzamento in quest'area di conoscenza. Si propone l'elaborazione e l'introduzione di un modulo incentrato sul processo di scrittura, volto a coprire tutti i livelli che vengono insegnati nel Dipartimento di Lingue Specialistiche, con enfasi sugli elementi grammaticali e valutativi.

Infine, gli elementi secondari che possono o meno essere significativamente dedotti nel processo di acquisizione di diverse lingue straniere sono considerati per la ricerca futura.

# 1. INTRODUZIONE

I progressi che abbiamo potuto osservare negli ultimi tempi nei diversi ambiti in cui opera l'essere umano, e in particolare a livello di istruzione, non coincidono con la realtà di tutti i popoli del mondo. Oggi nessuno mette in dubbio l'importanza delle lingue come veicolo di diffusione della conoscenza. All'interno della diversità globale, esistono anche diversi legami comuni che ci permettono di interagire in armonia e tra questi troviamo le lingue. Si stima che sul pianeta esistano tra le 5.000 e le 7.000 lingue. È quindi indispensabile trovare una lingua comune per molte persone che possono condividere informazioni importanti o semplici, scambiare idee, documenti o ricerche attraverso libri, riviste, moduli o opuscoli. Grazie al numero di parlanti di ciascuna lingua è stato possibile classificarle. L'inglese si trova in seconda posizione (Rajadell, 2009).

L'inglese è considerato la lingua dell'informazione scientifica. Questo fatto è confermato dall'alta percentuale di lavori scientifici scritti in inglese o tradotti in diverse nazioni per farli conoscere. In questi tempi, molti insegnanti e ricercatori scrivono e/o traducono le proprie ricerche per diffonderle in tutto il mondo, per questo Torres-Gonzalez (2002) afferma che è la lingua più utilizzata per la scienza, la tecnologia e la multimedialità.

Di conseguenza, gli studenti beneficiano direttamente e indirettamente durante la loro formazione accademica di tutto questo materiale prodotto e socializzato. Preferiscono l'inglese come seconda lingua (SL) o come lingua straniera (FL). Pertanto, è importante incoraggiare lo studio delle lingue straniere e all'interno del processo di insegnamento-apprendimento si dovrebbe dare importanza allo sviluppo di ciascuna delle abilità ricettive e produttive, perché ciò consente la comunicazione orale e scritta in diversi ambiti.

Il presente lavoro si occupa dell'abilità di scrittura in lingua inglese. Sebbene questa abilità non possa essere studiata in modo isolato, perché interagisce con altre abilità, ha una propria struttura ed elementi che devono essere sviluppati. Molti Paesi aprono le porte agli studenti in generale, ad esempio offrono il servizio di borse di studio, che possono essere totali o parziali. Vogliono aiutare gli studenti a iniziare, continuare o terminare la loro formazione accademica. E come ricordano Rico e Doria (2005), l'inglese è un prerequisito sia a livello professionale che personale. Pertanto, le politiche educative di diversi Paesi, tra cui l'Ecuador, cercano di rispondere alle esigenze dei propri elettori.

I Paesi di tutto il mondo cercano di attuare politiche o alternative per risolvere i problemi che i loro cittadini devono affrontare a diversi livelli di istruzione. Negli Stati Uniti (USA) e nel Regno Unito (UK) è stato creato il percorso della lingua inglese, che a suo tempo è servito da guida per lo studio in altri Paesi.

Come risultato del lavoro svolto nel tempo, emerge il documento noto come Quadro comune europeo di riferimento per le lingue: Learning, Teaching, Evaluation MCER (2002), che cerca di stabilire un contenuto comune da insegnare per le diverse lingue. Inoltre, non vengono stabiliti gli obiettivi da raggiungere, né la metodologia da utilizzare nel processo.

Nel 1999, in risposta alle esigenze degli studenti, l'Ecuador e il Regno Unito hanno firmato un accordo per standardizzare e incoraggiare l'insegnamento della lingua inglese a livello secondario. Lavorano su temi comuni, ma le prestazioni degli studenti non soddisfano i risultati attesi, poiché gli studenti alla fine del processo dimostrano un basso livello di competenze linguistiche in situazioni reali, evidenziate sia nelle abilità ricettive che produttive. Nel caso dell'Ecuador, la normativa che è stata implementata in relazione allo studio di una lingua straniera (FL) prevede il tempo di studio della lingua, il materiale da utilizzare e le valutazioni che devono essere superate per dimostrare la padronanza della lingua (Espinosa, 2013).

Tuttavia, non viene fatto alcun riferimento alla metodologia e ai criteri di valutazione che gli insegnanti dovrebbero utilizzare e questo fa sì che ogni insegnante valuti, in base ai propri criteri, gli errori che gli studenti commettono nel loro lavoro scritto. Allo stesso modo, nell'ambito dell'esercizio della libertà accademica, il docente adotta le misure correttive che ritiene opportune durante lo svolgimento del proprio lavoro didattico. I risultati a breve, medio e lungo termine potrebbero non essere gli stessi. Pertanto, è indispensabile creare una politica di controllo e monitoraggio e migliorare la produzione scritta degli studenti quando imparano una lingua straniera.

## Quadro normativo

### Quadro normativo europeo

Per quanto riguarda il Regno Unito, è stato preso come punto di riferimento l'anno 1995, poiché a partire da questa data inizia l'incentivazione dello studio delle lingue straniere (Susz, 2005). E dalla risoluzione del Consiglio del 31 marzo 1995 (Meno, 2004), "sul miglioramento della qualità e della diversificazione dell'apprendimento e dell'insegnamento delle lingue nei sistemi d'istruzione dell'UE, in cui si afferma che gli studenti dovrebbero avere, come regola generale, la possibilità di imparare due lingue dell'Unione diverse dalla lingua madre" (Susz, 2005, p. 518).

In altre parole, è stato creato per promuovere l'apprendimento delle lingue straniere in modo continuo, dove gli utenti di queste lingue sviluppano le loro capacità innate o apprese attraverso l'esecuzione di diversi compiti, che hanno come obiettivo che lo studente possa svolgere in modo efficiente ed efficace, sia oralmente che per iscritto, nei diversi scenari che incontra nel corso della sua vita. E, attraverso la Risoluzione del Consiglio del 16 dicembre 1997, è "sull'insegnamento precoce delle lingue dell'Unione Europea" (Meno, 2002, p.261; Meno, 2004, p.63; Suzs, 2005, p.18). Per incoraggiare l'insegnamento di una lingua straniera (FL) nelle prime età degli studenti, sarebbe opportuno utilizzare tecniche di apprendimento adeguate all'età degli studenti nel processo di apprendimento. In altre parole, l'insegnante rimane un fattore importante nel processo di insegnamento-apprendimento.

Questa argomentazione è rafforzata da (Clavijo Olarte, A, 2016), il quale afferma che gli insegnanti di lingua inglese devono migliorare la loro pratica attraverso pedagogie più contestualizzate dal punto di vista sociale e culturale, vale a dire che un insegnamento innovativo può essere migliorato se i metodi vengono implementati nel processo di apprendimento dell'insegnamento (Méndez, 2012), al fine di ottenere risultati positivi e permanenti.
All'interno di questo processo, l'innovazione viene rafforzata attraverso l'istruzione e la formazione per la vita e il lavoro nella società della conoscenza. Inoltre, all'interno di questo tema, si rivela che i sistemi educativi dovrebbero rispondere alle esigenze della società della conoscenza in tutti i livelli di istruzione.

Questo obiettivo potrebbe essere raggiunto attraverso la creazione di centri di apprendimento appropriati in cui promuovere l'informazione e la tecnologia e sviluppare adeguatamente le competenze linguistiche. Con il Consiglio dell'Unione Europea del 17 luglio 2000, il 2001 è stato proclamato "Anno europeo delle lingue" (Meno, 2004, p.518; Valle, 2011, p.461). Il contributo nel campo delle lingue è trascendentale, in quanto la sua funzione principale era quella di promuovere lo studio delle lingue straniere nei Paesi europei.

Il processo di apprendimento delle lingue dovrebbe andare oltre la comunicazione di base, non dovrebbe essere visto come un elemento di moda, ma come uno strumento di apprendimento. Questa idea è sostenuta dal Rapporto del Consiglio Istruzione del 12 febbraio 2001 al Consiglio di Stoccolma: "I futuri obiettivi precisi dei sistemi di istruzione e formazione" si riferisce al fatto che lo studente dovrebbe migliorare l'apprendimento delle lingue, che sarà utile a livello professionale (Meno, 2004, p.63). L'apprendimento di una lingua straniera è un processo sequenziale e l'interiorizzazione delle conoscenze deve essere effettuata dallo studente attraverso diverse strategie.

Ciò è confermato dalle linee linguistiche dell'Unione Europea, dove si ritiene che la padronanza di una FL sia un'abilità di base, che deve essere acquisita per tutta la vita (MCER, 2002; Meno, 2004). In questo modo, si sottolinea l'importanza dell'apprendimento della lingua ed è evidente che per il suo uso corretto è necessaria la pratica.

Nello stesso anno, la Raccomandazione del Parlamento europeo e del Consiglio del 10 luglio 2001 sulla mobilità nella comunità (Meno, 2004, p.63, Rodriguez e Rodriguez, 2006, p.206), ha incoraggiato il libero transito nei diversi Paesi del gruppo europeo di studenti, volontari, insegnanti e formatori.

Il libero transito nei Paesi europei permetterebbe agli studenti di vivere e assimilare la cultura attraverso uno scambio di emozioni e sentimenti durante la visita ai diversi Paesi. Questa esperienza non può essere testimoniata nei testi che devono essere rivisti nei loro Paesi d'origine. Gli insegnanti e i formatori di insegnanti trovano in questi viaggi un'opportunità unica per imparare da nuove esperienze, condividere i propri successi e rafforzare le proprie debolezze, senza essere circondati dalle inevitabili pressioni del lavoro.

Il Consiglio dell'Unione Europea ha emanato la Risoluzione del Consiglio del 14 febbraio 2002, che si riferisce alla promozione della diversità linguistica e all'apprendimento delle lingue compatibili con gli obiettivi contemplati nell'Anno europeo delle lingue (Susz, 2005; Valle, 2006). In altre parole, si promuove il processo di apprendimento delle lingue straniere all'interno e all'esterno dei Paesi dell'Unione, essendo ogni Stato responsabile dei contenuti da insegnare e della rispettiva organizzazione dei sistemi di controllo dell'istruzione. In questo processo si deve tenere conto della diversità culturale e linguistica.

Nel documento citato nella Risoluzione del 14 febbraio 2002, "la conoscenza delle lingue come capacità di base, la diversità linguistica e l'apprendimento delle lingue che i cittadini europei devono possedere per essere in grado di operare nella società europea della conoscenza" (Meno, 2004, p.37). Questa capacità di base, legata al libero transito degli studenti, degli insegnanti e delle diverse persone che hanno a che fare con il campo delle lingue, può essere incrementata a livello educativo, personale o professionale (Meno, 2004; Valle, 2011). Per quanto riguarda l'università o l'istruzione superiore, la promozione del multilinguismo a livello sociale e individuale è considerata fondamentale. Infatti, è considerato un aspetto rilevante il fatto che uno studente possa studiare un anno intero in un Paese straniero, dove può imparare sia la lingua regionale sia la lingua degli immigrati che si trovano in quell'area, e che questo possa essere riconosciuto all'interno del suo programma di studi.

Infine, il Consiglio europeo di Barcellona propone di "(...) promuovere le qualifiche professionali e la mobilità nell'UE ... "(Meno, 2002, p. 259), a causa della crescente domanda di persone europee motivate a imparare le lingue per motivi personali e/o professionali.

Il contributo dell'Unione Europea è molto significativo attraverso lo sviluppo e la diffusione del Quadro comune europeo di riferimento per le lingue: Apprendimento, insegnamento, valutazione (2002). Questo documento è servito come riferimento per l'elaborazione dei diversi livelli tra le lingue a livello mondiale.

**Quadro normativo in Ecuador**

Nel tentativo di migliorare la gestione della lingua straniera, in particolare dell'inglese, l'Ecuador ha stipulato accordi con le istituzioni scolastiche superiori con l'obiettivo di unificare i contenuti da presentare agli studenti, la preparazione dei docenti che insegnano la lingua e il materiale didattico da utilizzare nei diversi corsi.

Il Regno Unito ha una presenza fisica di oltre trent'anni nel livello secondario ecuadoriano, che è il livello obbligatorio prima del livello universitario. Ciò è stato reso possibile da una serie di accordi bilaterali tra i due Paesi, citati di seguito: Accordo culturale tra il Governo della Repubblica dell'Ecuador e il Governo del Regno Unito di Gran Bretagna e Irlanda del Nord del 18 giugno 1979 e il Progetto di riforma del curriculum inglese del luglio 1992.

Dal documento dell'Accordo Culturale tra il Governo della Repubblica dell'Ecuador e il Governo del Regno Unito di Gran Bretagna e Irlanda del Nord, stipulato il 18 giugno 1979, sono stati estratti i seguenti articoli, in quanto correlati al lavoro di ricerca. Nell'articolo 3 della suddetta Convenzione, la legittimità della certificazione internazionale viene promossa come un diritto dello studente. Mentre l'articolo 8 indica che "ciascuna delle Parti contraenti incoraggerà la concessione di borse di studio sul proprio territorio per consentire ai laureati dell'altro Paese di proseguire gli studi" (Convenzione del Governo dell'Ecuador e del Regno Unito, 1979, p. 3).

Questo articolo incoraggia indirettamente lo studente a trasferirsi in un altro Paese per studiare un'altra lingua e conoscerne la cultura. L'articolo 12 stabilisce che "il British Council è responsabile dell'esecuzione del presente accordo per conto del governo del Regno Unito e dell'istituzione di centri per l'insegnamento della lingua inglese in Ecuador (Convenzione del governo dell'Ecuador e del Regno Unito, 1979, p. 3)". Sulla base di questo articolo, in alcune città dell'Ecuador esistono scuole di lingua inglese controllate dal governo britannico.

In generale, si può evidenziare che si tratta di promuovere lo studio della lingua inglese, poiché fornisce gli strumenti necessari per poter studiare questa FL in entrambe le nazioni. Successivamente è stato firmato un Accordo supplementare di cooperazione tecnica tra i governi della Repubblica dell'Ecuador e del Regno Unito di Gran Bretagna e Irlanda del Nord del 2 maggio 1989, per la realizzazione del progetto di formazione professionale degli insegnanti di inglese. All'articolo 1, si fa riferimento alla "formazione degli insegnanti ecuadoriani delle scuole fiscali in lingua inglese, nella teoria e nella pratica della metodologia di insegnamento di tale lingua" (Convenzione Ecuador-Regno Unito, 1989, pp. 1-2). In questo articolo, si sottolinea l'importanza dell'aggiornamento degli insegnanti all'interno del processo di apprendimento dell'insegnamento di questo FL.

Nello stesso articolo, si fa riferimento alla "valutazione del Ministero dell'Istruzione nell'istituzione di un programma nazionale di formazione professionale nell'insegnamento dell'inglese per gli insegnanti del governo secondario (Convenzione Ecuador e Regno Unito, 1989, p.2). Secondo questo articolo, viene istituita l'agenzia responsabile della supervisione e del controllo della qualità dell'insegnamento della lingua inglese a livello secondario. L'articolo 3 menziona gli aiuti in relazione alla "formazione del personale ecuadoriano": Fornitura di formazione (sia in Ecuador che in Gran Bretagna) per due formatori ecuadoriani (Convenzione Ecuador e Regno Unito, 1989, p.2). In questo articolo possiamo evidenziare l'opportunità per gli insegnanti di inglese di potersi trasferire in un altro Paese dove si parla inglese ed esporsi direttamente alla lingua.

Come possiamo vedere, la strada per sviluppare adeguatamente questa lingua è stata aperta offrendo la formazione agli insegnanti di inglese delle scuole superiori; nonostante gli sforzi compiuti a livello nazionale, gli studenti delle scuole secondarie alla fine dei loro studi presentavano grandi carenze per comunicare in modo fluente, sia oralmente che per iscritto.

Così Educational First (EF) ha proceduto alla valutazione degli insegnanti di inglese; i risultati di questa valutazione non sono stati lusinghieri, e solo una piccola percentuale di insegnanti era in grado di insegnare correttamente questa materia, la stragrande maggioranza doveva aggiornare le proprie conoscenze. Sulla base di questi dati, il governo ecuadoriano ha promosso a livello secondario il programma "Go Teacher", che cerca di incoraggiare gli insegnanti di ruolo e a contratto a preparare e sostenere il Test of English as a Foreign Language (TOEFL).

In termini generali, gli accordi firmati cercano di regolamentare l'insegnamento dell'inglese, di tenere conto della preparazione dei talenti umani come dell'adattamento del materiale didattico da utilizzare, tuttavia, gli studenti alla fine dell'istruzione secondaria continuano con uno sviluppo limitato delle loro abilità comunicative sia orali che scritte.

Nella Costituzione ecuadoriana del 1998, e più precisamente nell'articolo 74, si fa riferimento al fatto che "l'educazione superiore sarà conformata da università, scuole politecniche e istituti tecnici e tecnologici superiori. Sarà pianificata, regolata e coordinata dal Consiglio Nazionale dell'Educazione Superiore, la cui integrazione, attribuzioni e obblighi saranno inclusi nella legge (...)". (Costituzione ecuadoriana, 1998, p. 14). Questo articolo dimostra che le università sono istituzioni sotto controllo, che hanno la responsabilità di garantire che gli studenti ricevano una formazione accademica e professionale che risponda alle esigenze della società in generale.

L'articolo 75 fa riferimento al fatto che "le università e le scuole politecniche pubbliche e private sono persone giuridiche autonome senza scopo di lucro, regolate dalla legge e dai loro statuti approvati dal Consiglio nazionale per l'istruzione superiore (...) (Costituzione ecuadoriana, 1998, p. 14). Questo articolo sottolinea l'autonomia che tutte le università ecuadoriane hanno nello sviluppare i propri statuti, che si basano sulle esigenze della società e del corpo studentesco che servono, e allo stesso tempo questi regolamenti sono legati alla Costituzione dell'Ecuador. In generale, la Costituzione del 1998 dimostra che è dovere delle università fornire agli studenti ecuadoriani gli strumenti necessari per potersi sviluppare adeguatamente a livello professionale all'interno e all'esterno del Paese.

Nella nuova Costituzione ecuadoriana del 2008, l'articolo 346 afferma che "ci sarà un'istituzione pubblica, con autonomia, di valutazione integrale interna ed esterna, che promuova la qualità dell'istruzione" (Costituzione ecuadoriana, 2008, p. 160). Questo articolo riflette il lavoro attualmente svolto dalla Segreteria nazionale dell'istruzione superiore, della scienza, della tecnologia e dell'innovazione (SENESCYT), che effettua una valutazione di tutte le università dell'Ecuador.

L'articolo 350 fa riferimento al "sistema di istruzione superiore che ha come scopo la formazione accademica e professionale (...) e la diffusione della conoscenza e della cultura (...) (Istituzione ecuadoriana, 2008, p.162). Questo articolo afferma che l'istruzione superiore ha la responsabilità di fornire agli studenti universitari gli strumenti per operare a livello professionale in vari contesti a livello globale.

L'articolo 355 proclama "lo Stato riconosce alle università e alle scuole politecniche un'autonomia accademica, amministrativa, finanziaria e organizzativa in conformità con gli obiettivi del regime di sviluppo e con i principi stabiliti nella Costituzione (...) l'autonomia garantisce l'esercizio della libertà accademica (...)" (Costituzione ecuadoriana, 2008, pp.163-164). Questo articolo ratifica l'autonomia che le diverse università ecuadoriane hanno per l'elaborazione dei rispettivi statuti che rispondono alle esigenze degli studenti ecuadoriani.

Si può riassumere che la nuova costituzione cerca di rafforzare l'istruzione di qualità a livello superiore, promuovendo lo studio di diverse lingue straniere attraverso diverse università; poiché queste istituzioni considerano nei loro diversi curricula l'approvazione di una lingua straniera, per la quale hanno le risorse tecnologiche, bibliografiche e soprattutto umane per realizzare questo obiettivo.

La Legge sull'Istruzione Superiore ha il compito di regolamentare le organizzazioni e le istituzioni che la compongono, affinché sia garantito il diritto a un'istruzione di qualità superiore, e quindi incline all'eccellenza accademica. L'articolo 15 fa riferimento agli "organi pubblici che governano il Sistema di Istruzione Superiore: il Consiglio dell'Istruzione Superiore (CES), che deve adempiere a diverse funzioni, tra cui la pianificazione, la regolamentazione e il coordinamento dell'intero sistema di istruzione superiore in Ecuador, e il Consiglio per la Valutazione, l'Accreditamento e l'Assicurazione della Qualità dell'Istruzione Superiore (CEAACES)". Il Consiglio per la Valutazione, l'Accreditamento e l'Assicurazione della Qualità dell'Istruzione Superiore (CEAACES) svolge diverse funzioni, tra le quali spiccano la pianificazione, il coordinamento e l'esecuzione delle diverse attività che saranno utilizzate per la valutazione e, di conseguenza, l'accreditamento accademico delle diverse università, con le quali si intende prevenire l'istruzione superiore (LOES, 2010, p.8).

Allo stesso modo, si attendono risultati positivi e incoraggianti a livello universitario; infatti, nell'ambito della politica statale, l'attuale governo ha aperto le porte a tutti gli studenti universitari dell'Ecuador, in modo che possano studiare in qualsiasi università del mondo, nella specializzazione che preferiscono, attraverso l'assegnazione di borse di studio complete, sia individuali che familiari. I requisiti per ottenere tale sostegno sono fondamentalmente buoni voti, conoscenza della lingua, in particolare dell'inglese, oltre ai requisiti di legge di ogni università.

Si conclude che le diverse università pubbliche e private di questo Paese sono sotto il controllo e la supervisione di istituzioni legate all'istruzione superiore. Queste istituzioni sono governate da indicatori di qualità per garantire che gli studenti universitari ecuadoriani ricevano un'istruzione di qualità secondo le esigenze di un mondo globalizzato in cui la corretta gestione dell'informazione, della tecnologia e delle lingue favorisce le loro prestazioni personali e professionali.

L'articolo 15 menziona che gli "organismi pubblici che governano il Sistema di Educazione Superiore sono il Consiglio dell'Educazione Superiore (CES); questo organismo deve adempiere a diverse funzioni, tra cui la pianificazione, la regolamentazione e il coordinamento dell'intero sistema di educazione superiore ecuadoriano, e il Consiglio per la Valutazione, l'Accreditamento e l'Assicurazione della Qualità dell'Educazione Superiore (CEAACES). Il Consiglio per la Valutazione, l'Accreditamento e l'Assicurazione della Qualità dell'Istruzione Superiore (CEAACES) svolge diverse funzioni, tra le quali spiccano la pianificazione, il coordinamento e l'esecuzione delle diverse attività che saranno utilizzate per la valutazione e, di conseguenza, l'accreditamento accademico delle diverse università, con le quali si intende prevenire l'istruzione superiore (LOES, 2010, p.8).

## Teorie sull'acquisizione di una seconda lingua

Questo capitolo cita aspetti rilevanti relativi alla lingua inglese, quali: le teorie sull'insegnamento delle lingue straniere o della seconda lingua. Un'analisi su Krashen (2002) e la sua teoria del monitor; i metodi utilizzati negli Stati Uniti per l'insegnamento dell'inglese, così come quelli utilizzati nell'Unione Europea, in quanto hanno guidato il processo di insegnamento di questa lingua in tutto il mondo. Viene quindi fatto un rapido resoconto delle caratteristiche principali di ciascuno di essi e si evidenzia l'influenza che hanno avuto nel tempo.

Quando uno studente vuole imparare una lingua straniera ha diverse possibilità: entrare in un centro studi dove lavorerà con insegnanti e compagni; viaggiare in un paese dove si parla la lingua che si vuole imparare per nutrire se stessi e la propria esperienza; oppure da autodidatta, nel qual caso prevarranno la perseveranza e le capacità personali.

Per quanto riguarda il mondo accademico, nel corso del tempo le diverse teorie sono state applicate sia nei libri guida sia nella metodologia utilizzata dagli insegnanti. Questi fattori sono legati allo stile di apprendimento degli studenti e ad altri fattori che possono interferire direttamente o indirettamente in questo processo, che possono essere interni o esterni.

## Una breve panoramica sull'acquisizione di una seconda lingua

Una definizione molto generale dell'acquisizione di una lingua potrebbe essere: "il processo di apprendimento di una seconda lingua (SL) è il processo di apprendimento di un'altra lingua dopo che la prima lingua è stata acquisita" (Yang e Xu, 2001, p.14). Come si può notare, questo concetto può essere applicato sia alla SL che alla FL. All'inizio degli anni Settanta, i ricercatori sull'acquisizione di una seconda lingua (SLA) erano interessati a studiare sia le differenze sia le somiglianze tra la prima e la seconda lingua e hanno stabilito che l'acquisizione di una seconda lingua era influenzata in misura diversa dalla L1 nel processo di acquisizione di una SL (Nunan, 2011).

Tra i diversi fattori che devono essere presi in considerazione nell'apprendimento di una SL ci sono: l'età, i materiali, le attività messe in atto dall'insegnante, il tempo di esposizione dello studente alla lingua e, allo stesso modo, il tempo che lo studente deve dedicare al processo di apprendimento; tutto questo è inquadrato all'interno del rispettivo curriculum da insegnare. Il termine acquisizione di una seconda lingua (SLA) comprende anche l'acquisizione di più di una lingua da parte di giovani e adulti (Nunan, 2011).

Nel corso del tempo, le persone hanno utilizzato modi diversi di insegnare e apprendere le lingue, tra gli altri fattori, le caratteristiche degli studenti e i metodi utilizzati per insegnarle.

Uno di questi è il comportamentismo, sviluppato negli Stati Uniti negli anni '30 (Brennan, 1999; Pozo, 2009). Il comportamentismo ebbe origine durante la Seconda Guerra Mondiale e, tra le caratteristiche che si potevano ottenere dal processo di apprendimento di uno SL, si scoprì che le precedenti abitudini dello studente in L1 influenzavano il suo apprendimento (Zanon, 2007), poiché una persona impara la propria lingua madre L1 basandosi sulla ripetizione, l'imitazione e il rinforzo, che generano nuove abitudini all'interno della lingua.

A completamento dell'idea precedente, si aggiunge il contributo di Schunk (1997) e Verdú et al. (2002). Essi ritengono che l'apprendimento si basi sulla relazione stimolo-risposta che lo studente riceve da parte dell'insegnante. Per questo motivo, è l'insegnante che deve creare un'atmosfera di lavoro favorevole, poiché se crea un'atmosfera piacevole la risposta dello studente sarà positiva. La teoria comportamentista afferma che i fenomeni che si manifestano nello studente devono essere osservabili escludendo i sentimenti e i pensieri propri dell'individuo. Si conferma così che la posizione o l'atteggiamento dell'insegnante è fondamentale per l'apprendimento di un FL/SL da parte dello studente.

Una posizione contrastante è quella di Nunan (2011), che afferma che lo sviluppo cognitivo, la motivazione, l'attenzione, i gruppi multilivello e la valutazione devono essere presi in considerazione nel processo di insegnamento-apprendimento dei giovani. Si deve tener conto sia di fattori esterni come la metodologia, il calendario, i materiali didattici, sia di fattori interni come la motivazione, l'interesse e così via.

Di fronte alla teoria cognitiva, questa si è occupata di studiare come avviene l'apprendimento negli esseri umani, dove le persone acquisiscono le loro conoscenze, le diverse strutture mentali che sono necessarie e inoltre le persone sono in grado di elaborare le informazioni. Tutto questo è possibile grazie a un processo mentale delle informazioni ricevute. Questo processo seguirebbe la seguente sequenza: acquisizione, organizzazione, codifica, revisione, immagazzinamento, recupero della memoria e dimenticanza.

Tutto sommato, quello che si cerca è di generare una conoscenza significativa. Pertanto, l'acquisizione di conoscenza è influenzata da ulteriori fattori. In primo luogo, si tiene conto dell'opinione e delle esigenze dei partecipanti, perché sono elementi fondamentali del processo. In secondo luogo, si tiene conto delle condizioni dell'ambiente in cui si genera la conoscenza (Schunk, 1997).

In altre parole, la teoria cognitiva promuove l'idea che gli studenti non si limitino a ricevere o ad acquisire la conoscenza, ma siano in grado di costruire la loro conoscenza attraverso diversi processi mentali. Promuove l'idea che lo studente sia un'entità attiva e che insieme all'insegnante costruisca la conoscenza. Nel caso dell'Ecuador, gli studenti universitari ecuadoriani sono stati esposti, durante lo studio dell'inglese come FL, alle diverse teorie sopra menzionate. Ciononostante, le competenze linguistiche della maggior parte degli studenti sono ancora minime, soprattutto per quanto riguarda le abilità di scrittura, il che è evidente nelle loro composizioni di livello finale.

## Insegnare una lingua straniera a giovani studenti.

Secondo Pinter (2006) citato da Nunan (2011), si scopre che l'autore fa una classificazione degli "studenti tra giovani e adulti". Poiché ogni gruppo ha le proprie caratteristiche nel processo di acquisizione di una FL. Ma forse la classificazione di Han (2003), tra bambini e adulti, fornisce una gamma più ampia per stabilire il processo di acquisizione di una FL da parte di questi due gruppi.

Per rafforzare questo punto, Han (2003) afferma: "all'età di cinque anni, ogni bambino normale acquisisce la piena conoscenza della grammatica usata dalla comunità in cui vive" (p. 1), quindi un bambino che non ha alcun deficit è in grado di conoscere la grammatica usata dalle persone con cui vive. Ciò favorisce la convinzione che le FL debbano essere apprese fin dalla più tenera età.

Questa situazione si contrappone alla realtà degli adulti, Han (2003), che cita "i risultati in vari gradi di successo" (p.1), perché all'interno dei gradi di successo degli adulti, si deve considerare che essi hanno precedentemente acquisito e già gestiscono una L1, che può interferire o meno nel processo di acquisizione di una FL, oltre a prendere in considerazione i fattori interni ed esterni che influenzano questo processo. Attualmente, lo studio di una FL fa parte della maggior parte dei curricula educativi in tutto il mondo e il curriculum stabilito in Ecuador non può fare eccezione, dal momento che l'insegnamento della lingua inglese è regolamentato obbligatoriamente a livello secondario. Ci sono diversi autori che hanno dedicato molto tempo e sforzi per spiegare come una persona acquisisce una lingua. Per procedere con l'argomento dell'acquisizione linguistica, si farà riferimento a un esperto del settore.

## La teoria del Monitor Krashen nel processo di apprendimento di una lingua

Tra i ricercatori sull'acquisizione linguistica si trova Stephen D. Krashen, linguista e ricercatore, ora professore emerito alla University of Southern California, che si è dedicato allo studio di come le persone acquisiscono una seconda lingua. Il suo lavoro sulla teoria del monitor afferma che gli adulti acquisiscono una seconda lingua in modo consapevole e inconsapevole. In altre parole, l'acquisizione di una seconda lingua avviene inconsciamente a contatto diretto con il mezzo di comunicazione in cui si parla la lingua di destinazione, mentre l'apprendimento della lingua avviene consapevolmente a scuola, dove si correggono gli errori. Va notato che questi processi sono interrelati (Krashen, 2002). Pertanto, il feedback correttivo per il trattamento degli errori grammaticali è fondamentale, perché se non c'è questa correzione, lo studente non rileva l'errore e lo ripete. È chiaro che lo studente ha bisogno di essere corretto, indipendentemente dal fatto che la sua fluidità e competenza comunicativa non rappresentino un problema (Osborn, 2005).

Nei bambini il processo di acquisizione della lingua è simile sia alla prima lingua sia a una seconda lingua e dove la comprensione del messaggio, cioè, è la cosa più importante. Questo processo si unisce all'ordine delle strutture, dove alcune strutture vengono apprese prima mentre altre necessitano di un periodo di tempo più lungo. Ovviamente, questo varia a seconda delle caratteristiche di ogni persona.

Tra le caratteristiche del monitor c'è il tempo richiesto per il suo funzionamento, così come la concentrazione per rispondere correttamente secondo le regole precedentemente apprese. Questo processo è difficile da soddisfare in tutte le fasi da parte degli studenti; un modo per tentare di omogeneizzare questo problema è l'applicazione di diversi tipi di test grammaticali (Krashen, 2002).

La differenza tra acquisizione e apprendimento distingue tre tipi di apprendisti: l'apprendista che ha bisogno di conoscere tutte le regole e, in caso di mancanza, si rifiuta di parlare; l'apprendista ottimale che utilizza l'apprendimento come complemento attraverso la comunicazione e, infine, l'apprendista eccellente, che utilizza correttamente la grammatica come se fosse un nativo della lingua.

L'attitudine e l'atteggiamento sono presenti nell'apprendimento di un adulto, dove è evidente che l'attitudine è direttamente correlata all'apprendimento consapevole. I test attitudinali mostrano la differenza tra le valutazioni monitorate e quelle in classe (Krashen, 2002). Nella misura in cui l'attitudine si riflette nell'orientamento dello studente, cioè i fattori della personalità influenzano direttamente l'apprendimento consapevole della lingua.

## Scrittura nell'ambito delle competenze linguistiche

Imparare la FL significa che una persona deve avere la padronanza delle quattro abilità: ascoltare, parlare, leggere e scrivere; come già detto, le abilità ricettive e produttive non possono essere apprese in modo isolato, ma sono complementari. Attualmente, in un mondo in cui la comunicazione orale e scritta è importante. Chi domina una FL/SL trova diverse alternative di miglioramento a livello personale e professionale. Questo è uno dei motivi per cui molte persone sono incoraggiate a studiare. Tuttavia, le persone trovano che le abilità di scrittura siano difficili da acquisire.

In diverse istituzioni gli insegnanti concordano sul fatto che si tratta di un'abilità complessa, che necessita di una motivazione costante, di feedback e di correzioni da parte dell'insegnante e degli studenti che lavorano con i loro compagni. Lombana (2002) afferma che "la scrittura è l'abilità più difficile da padroneggiare, tanto quanto la L1 o la SL/FL" (p.44). Ha rafforzato questo concetto Watcharapunyawong (2012), secondo cui "tra le quattro abilità dell'inglese, la scrittura è risultata essere la più difficile per gli studenti di inglese che studiano in SL".

La scrittura è un processo che segue alcune fasi in ordine sequenziale e combina più competenze di base di qualsiasi altra area di studio. È davvero più complessa di quanto si possa credere. Coinvolge alcune micro-competenze come l'uso corretto dell'ortografia, l'uso appropriato delle parole per esprimere ciò che si vuole in base all'argomento, l'uso corretto degli elementi che formano una frase, l'uso corretto delle strutture grammaticali, la differenziazione delle idee principali dalle idee di supporto, la coerenza del testo, tra le altre cose.

In ambito educativo, la scrittura è una delle quattro abilità (Spratt et al., 2005) che si sviluppano durante lo studio di una FL. È una delle abilità produttive della lingua, perché crea un messaggio a partire da lettere che si combinano con una certa sequenza grammaticale per essere infine in grado di comunicare il messaggio a un destinatario che conosce la lingua.

Riferendosi a questa abilità, Harmer (2010) indica che bisogna distinguere "tra scrivere per imparare e scrivere per scrivere" (p.112). All'interno della classe, la scrittura viene utilizzata per imparare come strumento per rafforzare il lavoro svolto in classe dall'insegnante attraverso i diversi tipi di esercizi che ritiene pertinenti. Mentre scrivere per scrivere è la strada che chi vuole diventare scrittore dovrebbe seguire. E forse sono proprio Spratt et al. (2005) a riassumere in modo semplice cosa si intende per scrittura quando affermano che l'atto di scrivere è dovuto al fatto che si vuole comunicare qualcosa e per questo si usano diversi segni sulla superficie di un foglio. In questo modo, la scrittura contempla un messaggio, qualcosa che è significato da lettere o segni.

Il processo di composizione nell'ambito dello studio di una lingua è complesso. Poiché nella sua costruzione sono coinvolti molti fattori esterni e interni che non possono essere completamente padroneggiati, si possono e si devono sviluppare delle sotto-abilità che permettano di realizzare questa abilità con successo e, come dicono Spratt et al. (2005), "a seconda dell'età e delle esigenze degli studenti" (p.40), è importante conoscere i limiti che gli studenti presentano a ogni livello, e fare in modo che progrediscano e non ristagnino nel processo.

Ecco perché "gli insegnanti a volte lavorano con modelli" (Spratt et al., 2005, p.40), questo viene mantenuto soprattutto ai livelli iniziali, perché allo studente viene data una base su cui lavorare, basata su variazioni di argomenti o complementi, in modo da acquisire gli elementi necessari con un contatto più diretto con la lingua. Anche se questi tipi di esercizi sono guidati e il prodotto è condizionato, può essere un'alternativa per padroneggiarlo. Molti insegnanti scelgono di rinforzare questo tipo di composizione con esercizi di completamento degli spazi per ottenere una buona coesione nel messaggio.

## Tipi di scrittura

Nell'ambito della scrittura si possono individuare i seguenti tipi di scrittura: scrittura narrativa, scrittura descrittiva, scrittura espositiva, scrittura persuasiva e scrittura giornalistica. Il testo pubblicitario, i documenti legali e amministrativi, la scrittura scientifica e tecnica (Munoz-Basols et al., 2012).

Secondo Keir (2009), tra i vari testi che si possono trovare: il testo esplicativo, il testo contato, il testo della relazione e il testo descrittivo. Inoltre, lo stesso autore afferma che un programma di scrittura equilibrato dovrebbe considerare la scrittura modellata, la scrittura interattiva, la scrittura condivisa, la scrittura guidata e la scrittura indipendente. Mentre Hutchinson (2005) afferma che all'interno dell'abilità di scrittura ci sono testi descrittivi, espositivi, narrativi e persuasivi. Ognuno di essi ha le proprie caratteristiche e non è obiettivo approfondire ciascuno di essi, ma semplicemente tenere presente che l'area di studio è molto ampia e merita tutta l'attenzione. Tuttavia, il lavoro di ricerca occupa una piccola parte di questa classificazione, poiché si occupa principalmente di testi descrittivi e di scrittura guidata.

Una persona che sceglie di comunicare attraverso un testo scritto dovrebbe avere in generale le seguenti precauzioni: utilizzare il lessico pertinente, una struttura da seguire, oltre a considerare lo scopo del messaggio e chi si rivolge. Per questo motivo, all'interno del processo di insegnamento di un FL/SL uno studente può scrivere testi letterari e non letterari. A volte è possibile utilizzarne solo uno, ma molto spesso accade che si possano combinare diversi tipi di testi, poiché sono necessari per trasmettere idee, eventi e progetti, tra le altre opzioni.

## Elementi del processo di scrittura

Per scrivere qualsiasi tipo di testo, non è solo necessario conoscere le strutture grammaticali e avere un lessico adeguato, ma è anche necessario che gli studenti sappiano gestire altri elementi, come la pianificazione, l'organizzazione, la scrittura, l'editing e la revisione. Per prima cosa si parla di pianificazione, che consiste nel delineare le idee su carta. Per la stesura della traccia, gli studenti possono ricorrere al brainstorming, alle mappe concettuali, a frasi isolate o a parole chiave.

In secondo luogo, queste informazioni saranno utilizzate per l'organizzazione delle idee, cioè lo studente può identificare in quale ordine scrivere, quali saranno le idee principali e quali le idee secondarie.

In terzo luogo, c'è la stesura di una prima bozza; in questa fase gli studenti hanno la possibilità di coordinare le idee, contribuire con nuove informazioni o cancellare quelle che non contribuiscono alla trasmissione del messaggio. Viene utilizzato il processo di scrittura dei punti grammaticali studiati.

Per presentare il testo, è necessario modificarlo, cioè controllare la grammatica, l'ortografia, la punteggiatura, chiarire le idee, i concetti o le situazioni per vedere se sono state date risposte corrette a quanto richiesto nelle istruzioni date prima dell'esercizio. L'ultimo passo è quello di sottoporre il testo scritto all'ultima fase del processo, ovvero la revisione, dove in base a tutti i passi precedenti effettuati si possono cambiare diverse cose associate al lettore a cui è stato scritto ciò che è stato scritto.

Per quanto riguarda la revisione del testo, è possibile optare per la revisione da parte dell'insegnante che dedica un po' di tempo alla lettura e alla correzione del testo, apportando poi le correzioni necessarie in base ai risultati ottenuti. Lo studente è quindi un agente passivo all'interno dell'attività. È consigliabile anche l'edizione a coppie o a gruppi; gli istruttori possono incoraggiare gli studenti a identificare i propri punti deboli, a condividere le idee e a imparare ad ascoltare il punto di vista dei compagni.

## Scrivere nel Quadro comune europeo di riferimento per le lingue

Il MCER2 (2002) è un documento guida utilizzato nello sviluppo di diversi testi per l'insegnamento dell'inglese nel mondo. In termini di abilità scritte, vengono presentate informazioni rilevanti per i tre livelli che sono oggetto di studio.

Al livello A1: è in grado di scrivere semplici frasi e frasi su se stesso e su persone immaginarie, su dove vive e su cosa si dedica (MCER, 2002). In altre parole, si tratta di informazioni di base ma che richiedono diversi elementi grammaticali per rendere il messaggio chiaro al lettore.

Al livello A2: scrivere su aspetti quotidiani del proprio ambiente, con frasi collegate, ad esempio persone, luoghi, un'esperienza di studio o di lavoro. Questo avviene attraverso le composizioni descrittive. Poiché questi tipi di testi scritti sono brevi e si basano su fatti, attività passate ed esperienze personali. È in grado di scrivere una serie di frasi semplici e di frasi sulla sua famiglia, sulle sue condizioni di vita, sui suoi studi e sul suo attuale o ultimo lavoro. È in grado di scrivere brevi e semplici biografie immaginarie e semplici poesie su persone.MCER (2002). Per questo deve già gestire un lessico appropriato a ogni situazione e con strutture grammaticali sia al presente che al passato. A questo livello si sviluppano in modo particolare le composizioni di testi descrittivi.

Al livello B1: scrivere descrizioni semplici e dettagliate su una serie di argomenti quotidiani nell'ambito della propria specialità. Scrive relazioni di esperienze descrivendo sentimenti e reazioni in testi semplici e strutturati. È in grado di scrivere la descrizione di un fatto particolare, di un viaggio recente, reale o immaginario. È in grado di narrare una storia (MCER, 2002). A questo livello, inizia a utilizzare i diversi tipi di testo. Può cioè utilizzare il testo pubblicitario per pubblicizzare la propria carriera, utilizzare il tempo imperativo per raccomandare il consumo di determinati prodotti con informazioni chiare e dirette (Dupont, 2004). Oppure può raccontare e/o descrivere le sue esperienze personali in modo dettagliato e logico per il lettore. Inoltre, gli studenti possono combinare testi letterari (Garcia, 1998, Marimon, 2006) e non letterari (Comparan et al., 2007; Dupont, 2004; Giron, 1993; Martinez, 2006) per svolgere il compito assegnato. È importante che gli studenti dispongano delle risorse necessarie, delle istruzioni che l'insegnante riceve per lo sviluppo dei diversi temi.


## Analisi degli errori (EA) in inglese

Quando si vuole sapere quali sono i possibili problemi che uno studente deve affrontare per imparare un FL, ci sono due opzioni, la prima è l'Analisi Contrastiva (CA) e la seconda l'Analisi degli Errori (EA), come indicato in (Gluth, 2003). L'Analisi Contrastiva è stata formulata inizialmente da Fries nel 1945, ma è stato Lado nel 1957 a svilupparla e a diffonderla ampiamente. La CA si basa sul confronto di due sistemi grammaticali. Ovvero, la lingua madre dello studente (NL) con la lingua che stava imparando e la cui sigla è TL.

Secondo Lado (1957) la CA era molto utile perché permetteva di stabilire sia le somiglianze che le differenze tra le lingue e in base a questi dati gli studenti avrebbero prodotto o meno errori durante l'apprendimento della lingua. La seconda opzione è l'EA, un concetto importante che ci aiuterà in seguito nell'analisi degli errori commessi dagli studenti di inglese dei diversi livelli di DEDI dell'UTA.

Per potersi addentrare in questo ampio campo dell'EA, sembra opportuno passare in rassegna alcune definizioni di questo termine fatte da alcuni autori, che guidano nello studio dell'EA. Il concetto di EA è stato sviluppato nel 1960 da Corder, il suo massimo rappresentante, il quale ha indicato che "l'EA è riservato allo studio delle affermazioni erronee prodotte da un gruppo di studenti" (James, 2013, p.3). L'EA, cioè, si concentra su una porzione del campo della conoscenza, che è la ragion d'essere del lavoro di ricerca. Nella parte rilevante di questa ricerca procederemo all'identificazione e all'analisi degli errori che gli studenti hanno commesso nelle loro diverse composizioni di scrittura finale.

Secondo James (2013) "l'EA è il processo per determinare l'incidenza, la natura, le cause e le conseguenze di un fallimento linguistico" (p.1). Come evidenziato da questo concetto, è possibile determinare diversi fattori, sia interni che esterni, che possono influenzare lo studente nel processo di assimilazione, gestione e padronanza di una FL.

Per questo motivo è necessario identificare in quali elementi gli studenti hanno difficoltà quando imparano una lingua straniera durante i tre livelli consecutivi del DEDI. Va ricordato che gli studenti devono approvare un corso di lingua straniera come parte dei requisiti per ogni specializzazione. Sebbene l'EA abbia i suoi limiti, che sono stati puntualmente evidenziati da diversi autori, e nonostante i suoi fallimenti, forse i più significativi evidenziati da (Celce-Murcia et al., 1996), questo lavoro dimostra che l'EA si concentra sui problemi che gli studenti hanno e non tiene conto delle buone prestazioni.

Questo criterio guiderà anche la parte metodologica della presente indagine, poiché per l'analisi corrispondente non saranno considerate le frasi scritte correttamente in uno qualsiasi dei parametri assegnati per il presente studio. D'altra parte, le mancanze o gli errori che possono essere riscontrati forniscono informazioni molto utili sia per gli studenti che per gli insegnanti. Poiché l'EA può essere inteso come uno strumento all'interno del processo di insegnamento-apprendimento (EAP), questo criterio è condiviso da Van Pattern e Benati (2010) quando citano che "l'EA è uno strumento di ricerca che si caratterizza per essere un insieme di procedure per identificare, scrivere e spiegare gli errori degli studenti di un SL" (p.82).

Gli studenti possono comunicare sia verbalmente che per iscritto. Quindi, identificare, descrivere e cercare di trovare una spiegazione sincronica agli errori sarebbe molto interessante. Inoltre, con questa attività lo studente potrebbe migliorare il proprio rendimento scolastico sia all'interno che all'esterno della classe. Queste informazioni sarebbero molto utili per l'insegnante, in quanto lo aiuterebbero a includere nuovi metodi, tecniche o esercizi che promuovano il rendimento scolastico e ottimizzino le risorse a sua disposizione per l'insegnamento della FL. Come si è detto in precedenza, l'EA si concentra sugli errori che gli studenti commettono quando vogliono comunicare in un FL, un FL che stanno imparando (Gass et al., 2013).

Lo studio di una nuova FL è un processo continuo che richiede tempo e impegno da parte degli studenti, che devono percorrere un lungo cammino per imparare, gestire e padroneggiare una lingua. Tuttavia, questo processo può essere interrotto, come dice James (2013) quando parla di "errori in due modi: la conoscenza di una FL/SL si è fossilizzata, oppure si verificano errori nei tentativi di comunicazione" (p. 2).

In altre parole, il processo di acquisizione di una FL si interrompe quando la conoscenza è fissa o stagnante, creando l'effetto che nelle lingue è noto come fossilizzazione. Questo concetto può essere applicato al caso in cui uno studente ripeta più volte lo stesso errore mentre sta sviluppando le sue competenze comunicative.

Questo concetto apre la porta a una grande varietà di possibilità, per trovare la natura originaria degli errori; lo stesso fa James, 1998, citato da Wetzorke (2005) che dice invece che "l'EA è lo studio dell'ignoranza linguistica" (p.3). Questa definizione è, come la precedente, molto ampia, perché non individua alcuna categorizzazione dei possibili errori che gli studenti possono commettere nel corso dell'apprendimento di un FL e delle cause che li originano.

Wetzorke afferma che l'EA cerca di identificare e classificare gli errori. Questo concetto è in contrasto con quanto detto sopra, soprattutto quando lo stesso autore individua il contributo diretto dell'EA in relazione ai due principi, ovvero questi sono "l'obbligo di fornire un feedback utile e dettagliato e di potersi concentrare sugli aspetti specifici del sistema linguistico" (Wetzorke, 2005, p.3). Mentre per Krashen (2002) la natura degli errori è legata al grado di monitoraggio del proprio comportamento (Yang e Xu, 2001).

## Classificazione degli errori.

Poiché è difficile per gli studenti superare gli errori da soli e richiedono l'aiuto di un'altra persona, potremmo consigliare l'aiuto di un partner con una migliore padronanza della lingua e dell'insegnante. L'EA permette di distinguere tra gli errori interlinguistici, che sono "attribuiti alla lingua madre", e gli errori intralinguistici, che sono "quelli della lingua che si sta imparando e non hanno alcuna relazione con la lingua madre" (Gass et al., 2013, p. 92).

Attraverso queste classificazioni, il campo di revisione degli errori viene filtrato. Consapevole che non è possibile analizzare in modo esaustivo ogni tipo di errore, perché non c'è sicurezza della classificazione in sé; questo lo risolve Odlin (1997) che riteneva che la grande sfida dell'EA fosse quella di decidere quale categoria assegnare a un particolare errore commesso da uno studente nel suo processo di comunicazione. Pertanto, sulla base dei concetti che sono stati passati in rassegna sugli errori e nella consapevolezza che essi hanno diverse fonti o ragioni per essere prodotti, in Spillner (1991), si è proceduto a fare la seguente classificazione degli errori.

Questa classificazione, anche quando si concentra su alcuni tipi di errori, ha un'ampia copertura e le cause del verificarsi dei diversi errori possono essere dovute a fattori interni ed esterni. Per questo motivo, verranno esaminati alcuni aspetti rilevanti per l'indagine in relazione all'analisi degli errori e all'interlingua (Corder, 1982).

L'acquisizione di una L1 o della lingua madre fa parte del processo di maturazione che uno studente deve sviluppare, mentre una L2, una L3 o più vengono acquisite dopo la L1. In generale, l'acquisizione di una L2 è associata a diversi fattori, come l'input a cui lo studente è sottoposto, la metodologia utilizzata dall'insegnante e la motivazione dello studente stesso allo studio della L2. Questi e molti altri fattori possono influenzare positivamente o negativamente il processo di apprendimento dello studente.

Tuttavia, ciò non esime lo studente dal commettere errori durante il processo di comunicazione, in base alle sue esigenze, sia oralmente che per iscritto. Gli errori sono una fonte importante per l'insegnante, perché forniscono le informazioni necessarie per dare allo studente un feedback corretto e, se necessario, variare sia la metodologia che il materiale didattico utilizzato. Ci dicono anche quali sono i progressi dello studente.

Per quanto riguarda l'utilità dello studente, è utile nella misura in cui fa luce sulle strategie utilizzate per acquisire la nuova conoscenza e infine perché gli errori fanno parte del suo processo di apprendimento e perché nessuno fino ad oggi ha trovato un metodo che li elimini completamente. Per questo autore, la corretta classificazione degli errori permetterà di comprendere meglio le prestazioni dello studente, per cui la sua classificazione degli errori è "omissione, aggiunta, selezione e ordine" (Corder, 1982, p. 36). Questi parametri generali possono essere applicati alla parte grammaticale dello studio.

D'altra parte, indipendentemente dall'area da studiare attraverso l'EA, l'interpretazione data agli errori deve essere inquadrata nel contesto e nell'uso corretto della grammatica che lo studente fa della L1 rispetto alla L2.

Quando si tratta di stabilire il tipo di errore commesso da uno studente, la corretta interpretazione dell'errore segna la differenza tra errori di situazione, contestualizzazione e interpretazione. Il vocabolario utilizzato è importante quanto le strutture grammaticali. Poiché insieme possono trasmettere un messaggio chiaro al lettore. Se si usasse la struttura corretta ma non il vocabolario appropriato si presterebbe a una lettura soggettiva da parte del lettore. È difficile sapere se lo studente ha interiorizzato il linguaggio o semplicemente ripete frasi imparate in precedenza, ma senza conoscerne il reale significato nei diversi contesti, generando così l'errore.

All'interno dello studio della FL possono verificarsi errori di trasferimento, come quelli riscontrati negli studenti che hanno lo spagnolo come prima lingua, "a livello elementare sarebbero circa il 40% degli errori totali", mentre nel livello intermedio il rapporto sarebbe del 20%. Mentre gli errori di iper-generalizzazione con gli studenti del livello elementare sono risultati vicini al 60%, mentre se ci riferiamo al livello intermedio abbiamo trovato un rapporto dell'80% (Yanguas, 1983, p.162).

## Segni di punteggiatura in un testo scritto

Per scrivere correttamente lo studente deve avvalersi di diversi elementi. È condivisa la posizione secondo cui "per imparare a scrivere con correttezza e scioltezza bisogna scrivere, scrivere e scrivere" (Maqueo, 2005, p.13). Solo la pratica continua permetterà allo studente di rafforzare le proprie conoscenze nell'ambito di questa abilità in ognuno dei livelli studiati.

Ma non si tratta solo di scrivere, bensì di usare i diversi segni di punteggiatura per evitare che i messaggi siano "dubbi o ambigui" (Suazo, 2000, p.107) e per questo si devono usare i diversi segni di punteggiatura. In questo modo, il mittente può inviare messaggi chiari, oltre ad aggiungere diverse sfumature affinché il destinatario possa cogliere facilmente il testo scritto. È quindi importante che lo studente riceva informazioni tempestive sulla punteggiatura. Lo studente deve imparare a distinguere tra i segni che sono regolati da norme fisse e i segni di punteggiatura che sono soggetti alla soggettività della persona che scrive il testo o il messaggio che vuole trasmettere (Suazo, 2000). I segni di punteggiatura devono essere usati correttamente a seconda dei diversi tipi di testo e del messaggio che si vuole trasmettere. In altre parole, "l'uso di alcuni di essi è una questione di stile" (Maqueo, 2005, p. 47).

Per questo motivo, la punteggiatura deve essere usata in modo appropriato, in modo che il messaggio possa essere qualificato per essere attraente per chi legge. Questo punto di vista è condiviso da Alvarez e Alvarez (2005), che sottolineano anche che "se si sanno interpretare i segni di punteggiatura si può leggere fedelmente un testo scritto" (p.143). Poiché ognuno di essi ha la sua intensità, la sua modulazione e con l'aiuto degli altri elementi può anche catturare l'attenzione del lettore. Infine, va detto che esistono segni di punteggiatura con regole prestabilite e altri che vengono utilizzati in base alle esigenze di chi scrive (Suazo, 2000).

L'uso di diversi segni di punteggiatura ha lo scopo di evitare la monotonia e lo scoraggiamento della lettura. Il campo d'azione di ciascuno dei segni è ampio, per cui un breve riassunto dei casi si trova in (Suazo, 2000; Alvarez y Alvarez, 2005; Maqueo, 2005). Tuttavia, la maggior parte degli studenti e degli insegnanti ritiene che a volte la pronuncia errata di un suono sia la causa della mancanza di comunicazione con i parlanti nativi e che i loro messaggi vengano interpretati in modo errato (Chacon, 2017).

All'interno di un lavoro scritto, uno studente può avere difficoltà in uno o nell'altro segno. Maggie Sokolik, docente dell'Università di Berkeley, incoraggia la capacità di scrivere in inglese attraverso corsi frontali in diversi Paesi: oltre a insegnare la scrittura tramite il web, nel suo corso online intitolato Principles of writing 2 (2014) fa riferimento ai "20 errori comuni", tra i quali, si riferisce agli errori di punteggiatura.

## Grammatica

Tra gli elementi grammaticali vi sono: aggettivi, avverbi, determinativi, preposizioni, pronomi, nomi e verbi. Se non si riesce a padroneggiare correttamente ciascuno dei vari elementi che si intersecano per l'abilità di scrittura, sarà inevitabile commettere errori. Anche se l'errore è visto come un indicatore che lo studente aumenta la conoscenza della lingua, si dovrebbe cercare di diminuire la loro presenza nei diversi lavori scritti che lo studente deve fare.

Per quanto riguarda gli elementi grammaticali, non sarebbe possibile trattare ciascuno di essi in dettaglio in un unico documento, ma la loro presenza è considerata necessaria. Gli studenti possono presentare carenze nell'uso di uno o più di questi elementi grammaticali, e a dimostrarlo sono i diversi lavori di ricerca a livello mondiale che verranno citati in seguito.

Tuttavia, è comune vedere che di composizione in composizione ci sono "errori che vengono commessi dallo studente più e più volte" (Mora-Flores, 2009, p.2), il che per noi mostrerebbe la presenza di fossilizzazione, per questo autore invece indica l'assenza di strategie di insegnamento della scrittura, che in questo caso verrebbe presa come un fallimento nello sviluppo di questa abilità. Determinare con certezza quali siano gli errori più comuni nella scrittura non è un compito facile. Poiché la sua classificazione e presentazione è dovuta a diversi fattori sia esterni che interni, gli obiettivi e le finalità che ogni ricercatore ha preso in considerazione nei lavori precedenti per la gerarchizzazione degli stessi.

# 2. DISEGNO METODOLOGICO

Nel presente capitolo viene presentato il problema dell'indagine, che si riferisce agli svantaggi incontrati dagli studenti di inglese della modalità regolare del Dipartimento di Lingue Specialistiche nelle prove finali. Si giustifica la ricerca, la sua delimitazione nel tempo e nello spazio, in quanto questa si svolge con i tre livelli che gli studenti assumono come requisito per la laurea. Si fa riferimento agli obiettivi generali e specifici che sono gli elementi guida della ricerca. D'altra parte, si presentano le variabili e le ipotesi che le sostengono.

## Origine dello studio

L'idea di svolgere questo lavoro di ricerca nasce dal fatto di aver esaminato alcune ricerche sulla scrittura in modo sequenziale e di aver affrontato un problema costante nello sviluppo della stessa all'interno dei diversi livelli di istruzione in Ecuador e in particolare presso l'Università Tecnica di Ambato (UTA).

L'esperienza di lavoro con gli studenti delle diverse facoltà dell'UTA ha dato la possibilità di evidenziare da vicino i problemi costanti che si presentano nelle prove di scrittura semestrali. A questo fenomeno si aggiunge l'aspetto giuridico determinato dalla Legge sull'Istruzione Superiore, che stabilisce che gli studenti per potersi laureare devono dimostrare la padronanza di una lingua straniera.

Nonostante il fenomeno sia stato affrontato all'interno del processo di insegnamento dell'apprendimento delle lingue nel Dipartimento di Lingue Specializzate dell'Università Tecnica di Ambato, non sono state trovate ricerche che lo analizzino in profondità e che propongano alternative per migliorare lo sviluppo della scrittura, a parte le informazioni su un caso a livello scolastico.

I lavori di Argüelles (2004), Srivoranart (2011) e Munoz (2011) hanno motivato la presente ricerca con l'intenzione di collaborare in qualche misura per ridurre i problemi che gli studenti affrontano ogni semestre, perché è anche responsabilità del docente universitario generare ricerca e conoscenza oltre che insegnare in classe.

Si ritiene che questo fornirà informazioni per un'analisi approfondita dei problemi che gli studenti affrontano al momento della scrittura, che a sua volta aiuterà a proporre alcune soluzioni alternative per migliorare la scrittura nel processo di insegnamento della lingua inglese.

Non si può pensare che i problemi si ripetano ogni semestre e che gli errori siano sempre gli stessi e che molti di essi si fossilizzino con gravi disagi per gli studenti. Ci sono casi che presentano resistenza quando si vuole lavorare con esercizi di scrittura, peggio, vengono mandati a fare il lavoro a casa. Al momento del test alcuni studenti non completano la sezione di scrittura o lo fanno all'ultimo momento, con il rischio di non ottenere il punteggio necessario per superare il livello.

Il compito dell'insegnante è quello di seguire passo dopo passo lo sviluppo della scrittura, perché deve essere addestrato alle strategie e alle tecniche da utilizzare con i propri studenti per motivarli continuamente, aumentare la loro autostima e dare loro una strada da percorrere. Per quanto difficili possano essere i casi, deve pianificare in base al gruppo di studenti in carico ed essere consapevole dei progressi o della stagnazione che gli studenti presentano nel processo di scrittura, dove si cercano nuove alternative per aiutare l'apprendimento. Ogni abilità è una parte importante dell'apprendimento di una lingua. Le quattro abilità sono classificate in due ricettive (ascolto e lettura) e due produttive (conversazione e scrittura), che devono essere sviluppate in modo integrato, anche se in questo caso la scrittura sarà ulteriormente rafforzata. La conoscenza e la gestione dell'inglese in questo caso daranno allo studente, futuro professionista, uno strumento decisivo per affrontare il mondo del lavoro o per proseguire gli studi post-laurea, dato che è un requisito per richiedere le borse di studio che il governo concede attraverso il Segretariato Nazionale di Scienza e Tecnologia (SENESCYT).

Nel mondo globalizzato, la necessità di trattare le lingue straniere e in particolare l'inglese è innegabile, soprattutto chi ha l'opportunità di insegnare questa lingua dovrebbe fare tutto il possibile per far sì che gli studenti padroneggino davvero la lingua. Per questo motivo, nel proporre un'indagine sui problemi che gli studenti presentano nello sviluppo della scrittura, si è ritenuto di coprire la realtà del Dipartimento di Lingue Specializzate (DEDI) dell'Università Tecnica di Ambato.

## Delimitazione del problema di studio

Come già accennato in precedenza, gli studenti che studiano all'Università Tecnica di Ambato per laurearsi devono accreditare la loro padronanza di una lingua straniera (LOES, 2010), quindi, per migliorare lo sviluppo di ognuno di loro. Le competenze che costituiscono la conoscenza e la gestione di una lingua straniera dovrebbero essere l'obiettivo primario per gli insegnanti del DEDI.

Nell'ambito del processo di insegnamento-apprendimento di una lingua straniera, in questo caso l'inglese, ad ogni livello vengono fissati degli obiettivi da raggiungere. A tal fine, gli insegnanti guidano gli studenti nello sviluppo delle quattro abilità linguistiche: ascoltare, leggere, parlare e scrivere.

Dai risultati ottenuti e analizzati alla fine di ogni semestre, i maggiori problemi si registrano nella produzione orale e scritta. Questo fatto è una preoccupazione costante per gli insegnanti del DEDI, perché al termine di un certo numero di livelli, gli studenti devono sostenere e superare gli esami istituzionali e internazionali che permettono loro di ottenere il Certificato di Conoscenza e Competenza Linguistica per potersi laureare nelle rispettive facoltà.

La ricerca è stata condotta nei tre livelli di inglese della modalità regolare del Dipartimento di Lingue. La tabella 1 mostra la tempistica dei livelli a cui si fa riferimento.

Tabella 1. Periodi di ricerca.

| LEVEL | | SEMESTER |
|---|---|---|
| Beginner | A1 | September / 2012-February / 2013 |
| Elementary | A2 | March   -   August   /   2013 |
| Pre intermediate B1 | | September / 2013-February / 2014 |

Source: self-made.

## Formulazione del problema

Gomez (2006) afferma che porre un problema significa "mettere a punto, specificare e strutturare formalmente l'idea di ricerca e tradurla in uno scritto" (p. 41). Per questo motivo, attraverso un'analisi diagnostica condotta sugli studenti IDU dell'UTA, si è notato che gli studenti presentano diversi tipi di insuccessi e che vengono valutati in modo diverso dagli insegnanti. Con questa motivazione, si cerca di individuare quali sono gli insuccessi che due gruppi di studenti devono affrontare in tre periodi consecutivi di studio della lingua inglese. Poiché si vuole promuovere un apprendimento significativo, partecipativo, collaborativo e sincrono nell'ambito dell'abilità di scrittura.

Da quanto sopra, si può dedurre che la formulazione del problema di ricerca potrebbe essere enunciata come segue: Gli studenti di inglese della modalità regolare UDDI DEDI presentano problemi significativi nelle composizioni scritte dell'esame finale di semestre?

## Obiettivo della ricerca

Determinare i problemi nelle composizioni scritte delle prove finali, che presentano gli studenti di lingua inglese della modalità regolare, per proporre alternative che contribuiscano a migliorare questa abilità.

### *Ipotesi*

Il numero di errori nella composizione scritta varia a seconda che il gruppo di studenti riceva un processo di feedback o, al contrario, non vi sia alcun intervento da parte dell'insegnante.

**Disegno di ricerca**

Il testo è inquadrato in un disegno pre-sperimentale e descrittivo in cui il grado di controllo è minimo (Hernandez et al., 2010). In altre parole, si riferisce al fatto che un trattamento può essere somministrato a un gruppo di intervento, poi si può applicare una misurazione alle variabili con cui si lavora ed è possibile osservare quale livello è stato raggiunto all'interno del gruppo in cui si desidera lavorare su diversi aspetti all'interno delle composizioni scritte.

Consapevoli di questi e futuri punti deboli, abbiamo proceduto a socializzare il lavoro di indagine con sei insegnanti che lavorano nella modalità regolare del DEDI nel semestre settembre / 2012 - febbraio / 2013 e che si sarebbero occupati del livello A1 di inglese, chiedendo anche la loro collaborazione per formare i gruppi di lavoro.

I gruppi erano composti da tutti gli studenti legalmente iscritti in due paralleli di quelli assegnati a ciascun docente. E grazie all'aiuto fornito dagli insegnanti, è stato possibile decidere di comune accordo che l'insegnante si sarebbe occupato del gruppo controllato e chi del gruppo non controllato, è stato possibile avere l'impegno di quattro insegnanti per tutta la durata dell'indagine.

In relazione all'oggetto della ricerca si fa riferimento alla metodologia descrittiva, che cerca di raccogliere informazioni su gruppi che vengono sottoposti a un'analisi su variabili che sono state precedentemente stabilite per funzionare (Hernandez et al., 2010). Si cercherà, cioè, di descrivere il processo che gli studenti di lingua inglese mettono in atto nella realizzazione delle composizioni scritte nelle prove finali.

*Campione*

L'estrazione del campione è stata effettuata utilizzando una procedura intenzionale deliberata Mafokozi (2009), ovvero abbiamo lavorato con gruppi di soggetti che soddisfacevano determinate caratteristiche desiderate per il campione, ma che non seguivano rigidi criteri statistici di selezione. Sono stati considerati i seguenti criteri.

Attraverso la segreteria del DEDI è stato possibile sapere quanti paralleli di lingua inglese sono stati aperti a tutti i livelli. Ogni parallelo aveva una capacità di 35 studenti, ma il numero variava a seconda delle richieste degli studenti. È stata richiesta la collaborazione degli insegnanti che lavoravano nello stesso luogo degli studenti.

Il campione è stato caratterizzato come non probabilistico tra i gruppi controllati e non controllati. Quattro insegnanti hanno partecipato durante i semestri di settembre/ 2012-febbraio/ 2013, marzo/agosto/ 2013 e settembre/ 2013-febbraio/ 2014; in relazione ai dati sulla partecipazione degli studenti che hanno preso parte attiva alla presente ricerca, abbiamo lavorato con 187 studenti così distribuiti.

*Strumenti di misura*

Per la raccolta delle informazioni sono stati utilizzati due strumenti. Si tratta dei test del semestre finale e del questionario convalidato applicato a studenti e insegnanti. La prova che si applica a tutti i paralleli a diversi livelli è fornita dall'Assessment Center.

La composizione scritta, in cui lo studente può scegliere tra tre argomenti diversi e sviluppare un unico tema, cioè quello in cui ha più contenuto lessicale. Sotto la domanda, lo studente trova la rubrica con cui l'insegnante valuta il suo lavoro scritto.

Tra i diversi strumenti che possono essere utilizzati per la raccolta di informazioni rilevanti all'interno di un processo di ricerca vi sono i questionari, considerati come uno strumento di misura da Abad (1979). Per la presente indagine è stato elaborato un questionario con lo scopo di operazionalizzare e quantificare le carenze nelle composizioni delle prove scritte finali. È considerato una procedura molto pratica perché i contenuti sono organizzati in modo da facilitare l'ottenimento di dati sulle variabili studiate (Borda et al., 2014).

# 3. RISULTATI

**Risultati del questionario per gli studenti**

I dati ottenuti sono rappresentati in s e grafici. Inoltre, va detto che per l'interpretazione di alcuni dati prenderemo in considerazione solo le percentuali più alte registrate nei diversi livelli e nelle diverse domande.

**Tabella 2.** Problemi grammaticali nei tre livelli.

| Respuesta | A1 | A2 | B1 |
|---|---|---|---|
| Yes | 45.4% | 51.9% | 62.7% |
| No | 38.2% | 37.9% | 29.9% |
| Sometimes | 16.4% | 10.2% | 7.4% |

In relazione all'incidenza dei problemi grammaticali nella comunicazione scritta, i risultati della Tabella 2 mostrano che il 62,7% degli studenti del livello B1 risponde affermativamente. Il 38,2% degli studenti del livello A1 risponde che questo tipo di problemi non ha alcun impatto sulla comunicazione scritta. Al livello A2, più della metà degli studenti (51,9%) afferma che i problemi grammaticali influenzano la comunicazione scritta.

**Tabella 3.** Gestione del vocabolario nei tre livelli.

| | A1 | A2 | B1 |
|---|---|---|---|
| Si | 66.4% | 65.8% | 62.7% |
| No | 12.7% | 13.9% | 22.4% |
| Sometimes | 20.9% | 20.3% | 14.9% |

Per quanto riguarda il ruolo del vocabolario nella comunicazione scritta, gli studenti del livello A1 affermano che la conoscenza del vocabolario influisce sulla comunicazione scritta (66,4%). Percentuali simili si riscontrano negli altri due livelli. Pertanto, la maggior parte degli studenti afferma che il vocabolario ha un effetto sulla comunicazione scritta.

Il ruolo dell'insegnante in relazione a ciascuna attività che presenta ai suoi studenti è fondamentale, come si può vedere nel grafico seguente 1.

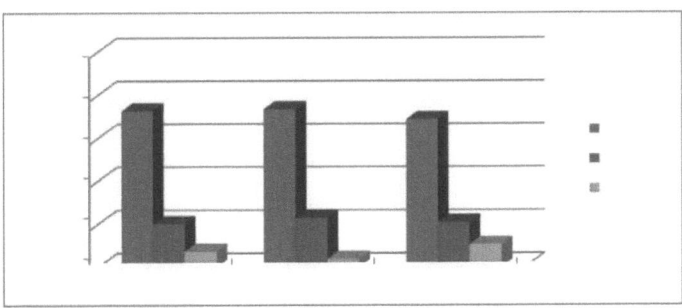

*Grafico 1. Motivazione per gli esercizi scritti ai tre livelli.*

Affinché gli studenti svolgano diversi compiti scritti, è importante che siano motivati. Tutti e tre i livelli mostrano che la stragrande maggioranza degli studenti (oltre il 70%) è motivata dagli insegnanti a svolgere tutti i tipi di lavoro. L'attività di scrittura è sequenziale, sviluppata nel tempo e attraverso la pratica che ogni studente svolge nei diversi corsi o livelli di studio della lingua inglese. Un esempio di ciò è riassunto nella tabella seguente.

**Tabella 4.** Errori grammaticali e loro incidenza nel messaggio nei tre livelli.

|  | A1 | A2 | B1 |
|---|---|---|---|
| Total | 37.3% | 30.4% | 40.3% |
| Partial | 31.8% | 40.5% | 31.4% |
| Minimum | 29.1% | 17.7% | 13.4% |
| Does not affect | 1.8% | 11.4% | 14.9% |

Quando gli studenti svolgono i loro compiti scritti sono soggetti a commettere errori, compresi quelli grammaticali. Questo tipo di errore può essere presente in qualsiasi elemento grammaticale e per questo il messaggio finale può essere interrotto in diversi modi. Gli studenti del livello B1 esprimono con la percentuale maggiore (40,3%) che gli errori grammaticali interrompono completamente le loro composizioni. Di fronte alla posizione degli studenti del livello A2, rispondono con il 40,5% che questo tipo di errori interrompe parzialmente ciò che si vuole comunicare in forma scritta. Mentre gli studenti del livello A1 esprimono con un 29,1% che sebbene questo tipo di errori sia presente negli elaborati scritti la sua incidenza è minima e che a volte a causa del lavoro svolto dagli studenti non influisce sulla trasmissione dell'informazione scritta.

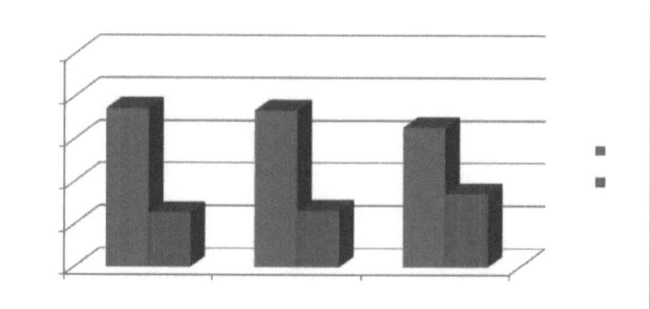

Grafico 2. Informazioni sulle composizioni ai tre livelli.

Nel processo di apprendimento di una lingua straniera, è importante che gli studenti ricevano tutte le informazioni necessarie per ogni attività. Per questo motivo, alla luce della preoccupazione di avere le informazioni necessarie per svolgere i diversi lavori scritti, la maggior parte degli studenti del livello A1 (74,5%) afferma che i loro insegnanti hanno fornito le informazioni necessarie. A ciò si contrappone il 34,4% degli studenti del livello B1, che affermano di non ricevere informazioni sufficienti per lo svolgimento di questo tipo di attività.

La scrittura si impara scrivendo, e ancora di più se l'insegnante dà ai suoi studenti l'opportunità di esercitarsi a scrivere in modi diversi nel processo di apprendimento della lingua straniera.

**Tabella 5.** Problemi nel processo di apprendimento della lingua ai tre livelli.

| | A1 | A2 | B1 |
|---|---|---|---|
| Does not understand explanations in class | 20.9% | 15.2% | 32.8% |
| Teacher gives little information in class | ---- | 3.8% | ---- |
| Teacher does not explain with examples | ---- | 2.6% | ---- |
| Teacher uses the same examples from the book | 33.7% | 17.7% | 28.4% |
| Teacher does not provide extra exercises to strengthen knowledge | 39.0% | 39.3% | 26.9% |
| Does not pay attention | 6.4% | 17.7% | 11.9% |
| Not interested | ---- | 3.7% | ---- |

Nell'ambito delle composizioni e dei diversi lavori scritti, gli studenti devono affrontare diverse difficoltà. La Tabella 5 presenta alcune alternative rispetto a questo particolare. Secondo l'opinione degli intervistati del livello A2, sostenuta dalla percentuale più alta (39,2%), le carenze che hanno al momento di svolgere i diversi compiti scritti sono dovute al fatto che durante le lezioni l'insegnante non fornisce esercizi extra a supporto delle sue spiegazioni.

Gli intervistati del livello A1 (33,6%) affermano che le loro carenze sono legate al tempo che i loro insegnanti hanno a disposizione per trattare i contenuti grammaticali ad ogni livello. Per questo motivo, utilizzano gli stessi esempi del libro e quando gli studenti si trovano di fronte a situazioni che non sono presenti nella guida, iniziano le loro insicurezze. Inoltre, va detto che gli insegnanti utilizzano un vocabolario non adatto al livello degli studenti. Come rilevato dagli studenti di livello B1, che con il 32,8% affermano che in alcune lezioni non riescono a comprendere le spiegazioni fornite dagli insegnanti in classe e per paura, tempo o contenuti trattati non chiedono una nuova spiegazione sull'argomento. D'altra parte, sono state rilevate percentuali minime in riferimento al fatto che i loro insegnanti danno loro poche informazioni sugli argomenti trattati nei libri o che le spiegazioni fornite dagli insegnanti sono astratte, cioè non usano esempi per chiarire le idee o i concetti. Allo stesso modo, si può notare in percentuali minime che gli studenti sono quelli che non prestano attenzione agli argomenti trattati in classe e non mostrano alcun interesse nell'apprendimento della lingua straniera.

**Tabella 6.** Possibili strutture grammaticali negli elaborati scritti dei tre livelli.

| | A1 | A2 | B1 |
|---|---|---|---|
| Affirmative sentences using the present, past, future, certain compound times | 28.1% | 21.6% | 34.3% |
| Negative sentences using the present, past, future, certain compound times | 26.4% | 22.8% | 25.4% |
| Direct questions using the present, past, future, certain compound times | 15.5% | 16.5% | 14.9% |
| Indirect questions using the present, past, future, certain compound times | 22.7% | 18.9% | 11.9% |
| Use of manners using the present, past, future, certain compound times | 7.3% | 20.2% | 13.5% |

Gli studenti possono utilizzare diverse strutture grammaticali nel loro lavoro. La Tabella 6 mostra le strutture grammaticali più utilizzate nei diversi livelli. Allo stesso modo, è richiesto l'uso di un vocabolario appropriato, il punteggio pertinente, l'organizzazione delle idee, la propria creatività e altre opzioni che non sono facili da controllare da parte degli insegnanti. Tuttavia, dal punto di vista grammaticale, viene chiesto loro di utilizzare determinati tempi. Al livello B1, la maggior parte degli studenti (34,3%) risponde che, all'interno delle composizioni scritte, i loro maggiori insuccessi riguardano la gestione di frasi affermative in diversi tempi verbali. Mentre per gli studenti del livello A1 i loro problemi sono quelli mostrati nella tabella 7, in primo luogo, con (26,3%) gli studenti esprimono di avere difficoltà nel gestire frasi negative formate in diversi tempi e in secondo luogo, (22,7%) affermano che i problemi si generano anche quando si utilizzano domande indirette in diversi tempi. D'altra parte, è il criterio degli studenti del livello A2, che con il 20,2% affermano che i loro problemi si generano nell'uso dei diversi modi costruiti sulla base dei diversi tempi. Gli studenti dei tre livelli esprimono di non avere maggiori difficoltà nell'uso delle domande dirette costruite nei diversi tempi, essendo di uso più frequente nei dialoghi del materiale guida e nell'uso nella pratica orale. Non sono state segnalate altre strutture che causano difficoltà agli studenti nella realizzazione dei diversi lavori scritti.

Le quattro tabelle seguenti riassumono le informazioni presenti nei diversi elementi grammaticali dei tre livelli in diverse situazioni.

**Tabella 7.** Elemento grammaticale difficile da assimilare nei tre livelli.

| Point out which of the following elements, in your opinion, is more difficult for you to assimilate into written compositions | | | | | | | | | | | |
|---|---|---|---|---|---|---|---|---|---|---|---|
| Level A1 | | | | Level A2 | | | | Level B1 | | | |
| Nothing agree | Agree | Fairly agree | Strongly Agree | Nothing agree | Agree | Fairly agree | Strongly Agree | Nothing agree | Agree | Fairly agree | Strongly Agree |
| **Adjectives** | | | | | | | | | | | |
| 10.9% | 20.0 | 23.6% | 24.5% | 16.4% | 21.5% | 24.0% | 26.5% | 25.3% | 25.3% | 25.3% | 23.8% |
| **Adverbs** | | | | | | | | | | | |
| 19.0% | 20.0 | 27.2% | 13.6% | 20.2% | 20.2% | 20.2% | 29.1% | 20.8% | 20.8% | 28.3% | 29.8% |
| **Determinants** | | | | | | | | | | | |
| 20.9% | 19.0 | 21.8% | 20.0% | 16.4% | 24.0% | 21.5% | 26.5% | 23.8% | 20.8% | 25.3% | 29.8% |
| **Prepositions** | | | | | | | | | | | |
| 16.3% | 26.3 | 20.0% | 20.0% | 26.5% | 25.3% | 16.4% | 20.2% | 28.3% | 25.3% | 22.3% | 23.8% |
| **Pronouns** | | | | | | | | | | | |
| 11.8% | 20.9 | 18.1% | 27.2% | 20.2% | 20.2% | 24.0% | 24.0% | 25.3% | 25.3% | 22.3% | 26.8% |
| **Nouns** | | | | | | | | | | | |
| 19.0% | 20.0 | 20.0% | 18.1% | 21.5% | 20.2% | 18.9% | 27.8% | 31.3% | 20.8% | 23.8% | 23.8% |
| **Verbs** | | | | | | | | | | | |
| 14.5% | 18.1% | 20.0% | 26.3% | 25.3% | 13.9% | 22.7% | 26.5% | 19.4% | 26.8% | 26.8% | 26.8% |

La tabella 7 riassume le risposte degli intervistati su quale elemento grammaticale sia più difficile da assimilare nel processo di apprendimento della lingua. Gli studenti di livello A2 e B1 concordano con il 29,1% e il 29,8%, rispettivamente, di avere difficoltà nella gestione degli avverbi.

Mentre gli studenti del livello A1 (27,2%) dichiarano di essere fortemente d'accordo sul fatto che hanno problemi con i pronomi quando scrivono i loro lavori. In generale, si può notare che nei tre livelli c'è una leggera differenza di percentuali nel grado di difficoltà dei diversi elementi grammaticali.

**Tabella 8.** Elementi grammaticali che causano fallimenti in tutti e tre i livelli.

| Tick which of the following elements cause most of the grammatical errors within writing composition | | | | | | | | | | | |
|---|---|---|---|---|---|---|---|---|---|---|---|
| | Level A1 | | | | Level A2 | | | | Level B1 | | |
| | Nothing agree | Agree | Fairly agree | Strongly Agree | Nothing agree | Agree | Fairly agree | Strongly Agree | Nothing agree | Agree | Fairly agree | Strongly Agree |
| Adjectives | 20.9% | 17.2% | 21.8% | 22.7% | 17.7% | 18.9% | 26.5% | 26.5% | 29.8% | 23.8% | 20.8% | 25.3% |
| Adverbs | 15.4% | 20.9% | 20.9% | 21.8% | 22.7% | 18.9% | 18.9% | 27.8% | 28.3% | 22.3% | 17.9% | 31.3% |
| Determinants | 24.5% | 22.7% | 15.4% | 20.0% | 15.1% | 24.0% | 25.3% | 21.5% | 26.8% | 22.3% | 25.3% | 22.3% |
| Prepositions | 25.4% | 22.7% | 20.9% | 20.9% | 21.5% | 17.7% | 21.5% | 25.3% | 23.8% | 19.4% | 28.3% | 28.3% |
| Pronouns | 16.3% | 21.8% | 19.0% | 20.0% | 21.5% | 18.9% | 31.6% | 16.4% | 20.8% | 19.4% | 31.3% | 28.3% |
| Nouns | 20.9% | 18.1% | 17.2% | 22.7% | 20.2% | 21.5% | 22.7% | 24.0% | 19.4% | 25.3% | 32.8% | 20.8% |
| Verbs | 21.8% | 16.3% | 21.8% | 17.2% | 25.3% | 24.0% | 17.7% | 21.5% | 28.3% | 32.8% | 19.4% | 19.4% |

All'interno della raccolta di informazioni, è stata presa in considerazione l'opinione degli studenti in relazione a quale elemento grammaticale origina gli errori all'interno dei loro lavori scritti. Gli studenti dei livelli A2 e B1 esprimono con il 27,8% e il 31,3%, rispettivamente, che sono fortemente d'accordo sul fatto che gli avverbi sono quelli che generano il maggior numero di errori all'interno dei lavori scritti che gli studenti fanno.

Gli studenti del livello A1 (22,7%) si dichiarano fortemente d'accordo sul fatto che i sostantivi (soggetti) sono quelli che causano errori quando non corrispondono al genere e al numero all'interno delle diverse strutture grammaticali. Come si può notare nel resto degli elementi grammaticali, si è generata una leggera tendenza negativa negli elaborati scritti dagli studenti dei tre livelli.

Per quanto riguarda la relazione tra gli usi della lingua spagnola nelle diverse componenti da parte degli studenti di inglese, i risultati indicano che nel livello A1, la maggioranza (30%) è fortemente d'accordo sul fatto che le determinanti tendono a essere tradotte nei diversi lavori scritti.

Mentre (29,1%) degli studenti di livello A2 sono abbastanza d'accordo sul fatto che i sostantivi (soggetti) siano quelli usati in spagnolo. Gli studenti del livello B1 (32,8%) dichiarano di essere d'accordo sul fatto che gli avverbi sono gli elementi tradotti dallo spagnolo.

Gli altri elementi mantengono un andamento irregolare con percentuali simili nei tre livelli. Infine, troviamo le opinioni degli intervistati riguardo all'uso frequente dei vari elementi grammaticali nelle loro opere scritte perché si sentono sicuri delle loro prestazioni in lingua inglese.

Tabella 9. Uso di elementi grammaticali nelle traduzioni ai tre livelli.

| Point out which of the following elements, in your opinion, transfer from Spanish to English at the time of writing | | | | | | | | | | | |
|---|---|---|---|---|---|---|---|---|---|---|---|
| Level A1 | | | | Level A2 | | | | Level B1 | | | |
| Nothing agree | Agree | Fairly agree | Strongly Agree | Nothing agree | Agree | Fairly agree | Strongly Agree | Nothing agree | Agree | Fairly agree | Strongly Agree |
| Adjectives | | | | | | | | | | | |
| 20.0% | 22.7% | 21.8% | 14.5% | 22.7% | 18.9% | 21.5% | 25.3% | 26.8% | 26.8% | 23.8% | 22.3% |
| Adverbs | | | | | | | | | | | |
| 17.2% | 18.1% | 23.6% | 19.0% | 17.7% | 26.5% | 17.7% | 26.5% | 17.9% | 32.8% | 25.3% | 23.8% |
| Determinants | | | | | | | | | | | |
| 22.7% | 11.8% | 15.4% | 30.0% | 21.5% | 18.9% | 24.0% | 24.0% | 17.9% | 25.3% | 28.3% | 28.3% |
| Prepositions | | | | | | | | | | | |
| 16.3% | 20.9% | 20.0% | 20.0% | 18.9% | 21.5% | 21.5% | 26.5% | 22.3% | 22.3% | 26.8% | 28.3% |
| Pronouns | | | | | | | | | | | |
| 18.1% | 24.5% | 21.8% | 18.1% | 16.4% | 20.2% | 26.5% | 25.3% | 28.3% | 22.3% | 23.8% | 25.3% |
| Nouns | | | | | | | | | | | |
| 14.5% | 18.1% | 21.8% | 28.1% | 16.4% | 24.0% | 18.9% | 29.1% | 29.8% | 19.4% | 23.8% | 26.8% |
| Verbs | | | | | | | | | | | |
| 22.7% | 15.4% | 14.5% | 19.0% | 21.5% | 21.5% | 24.0% | 21.5% | 32.8% | 17.9% | 20.8% | 31.3% |

Tabella 10. Elemento grammaticale frequentemente utilizzato nei tre livelli.

| Tick which of the following elements, in your opinion, you usually repeat in your written work | | | | | | | | | | | |
|---|---|---|---|---|---|---|---|---|---|---|---|
| Level A1 | | | | Level A2 | | | | Level B1 | | | |
| Nothing agree | Agree | Fairly agree | Strongly Agree | Nothing agree | Agree | Fairly agree | Strongly Agree | Nothing agree | Agree | Fairly agree | Strongly Agree |
| Adjectives | | | | | | | | | | | |
| 14.5% | 20.0% | 23.6% | 20.0% | 17.7% | 21.5% | 21.5% | 26.5% | 22.3% | 26.8% | 25.3% | 25.3% |
| Adverbs | | | | | | | | | | | |
| 16.3% | 14.5% | 24.5% | 26.3% | 17.7% | 27.8% | 21.5% | 21.5% | 29.8% | 23.8% | 20.8% | 25.3% |
| Determinants | | | | | | | | | | | |
| 22.7% | 18.1% | 21.8% | 20.0% | 20.2% | 18.9% | 18.9% | 30.3% | 28.3% | 29.8% | 20.8% | 20.8% |
| Prepositions | | | | | | | | | | | |
| 13.6% | 17.2% | 23.6% | 24.5% | 22.7% | 17.7% | 25.3% | 22.7% | 17.9% | 25.3% | 26.8% | 29.8% |
| Pronouns | | | | | | | | | | | |
| 20.9% | 13.6% | 20.0% | 22.7% | 15.1% | 20.2% | 31.6% | 21.5% | 25.3% | 19.4% | 26.8% | 28.3% |
| Nouns | | | | | | | | | | | |
| 16.3% | 17.2% | 23.6% | 20.0% | 16.4% | 25.3% | 21.5% | 22.7% | 26.8% | 22.3% | 22.3% | 28.3% |
| Verbs | | | | | | | | | | | |
| 18.1% | 12.7% | 21.8% | 26.3% | 20.2% | 25.3% | 21.5% | 20.2% | 25.3% | 25.3% | 19.4% | 29.8% |

Come si è detto, l'apprendimento di una lingua è un processo che richiede tempo e impegno. Gli intervistati hanno bisogno di entrambi per gestire i diversi elementi che insieme permettono loro di scrivere in inglese. In questo modo gli studenti possono utilizzarli frequentemente nelle loro attività scritte. Al livello A1, il 26,3% degli studenti è fortemente d'accordo nell'affermare di utilizzare frequentemente avverbi e verbi nei propri compiti scritti. Gli studenti del livello A2 (31,6%) dichiarano di essere abbastanza d'accordo sul fatto che i pronomi sono molto utilizzati nelle loro composizioni. Infine, gli studenti del livello B1 (29,8%) rispondono di essere fortemente d'accordo sul fatto che usano di preferenza preposizioni e verbi nelle attività scritte. Gli altri elementi presentano percentuali basse e si comportano in modo irregolare in tutti e tre i livelli.

Nel corso dell'analisi descrittiva, è stato possibile verificare l'esistenza di carenze in alcuni elementi grammaticali sia da parte dell'insegnante che delle prestazioni degli studenti. Le risposte fornite dagli studenti dei tre livelli in merito alla loro posizione nei confronti del possibile modulo di scrittura in inglese come strumento per favorire l'apprendimento dell'inglese come lingua straniera.

## Elementi grammaticali

**Tabella 11.** Differenza delle medie nel livello Principiante A1.

| ADJECTIVES | | ADVERBS | | DETERMINANTS | | PREPOSITIONS | | PRONOUNS | | SUBJECTS | | VERBS | |
|---|---|---|---|---|---|---|---|---|---|---|---|---|---|
| $\bar{x}_{int}$ | $\bar{x}_{nint}$ | $\bar{x}_{int}$ | $\bar{x}_{nint}$ | $\bar{x}_{int}$ | $\bar{x}_{nint}$ | $\bar{x}_{int}$ | $\bar{x}_{nint}$ | $\bar{x}_{int}$ | $\bar{x}_{nint}$ | $\bar{x}_{int}$ | $\bar{x}_{nint}$ | $\bar{x}_{int}$ | $\bar{x}_{nint}$ |
| 1,074 | 1,768 | 1,389 | 1,857 | 1,926 | 4,589 | 1,056 | 1,679 | 1,019 | 2,393 | 0,130 | 0,732 | 0,130 | 0,732 |
| 2,162 0,033* | | 1,225 0,223 | | 6,444 0,000** | | 1,937 0,055 | | 4,489 0,000** | | 2,984 0,004** | | 2,984 0,004** | |

\* significativo al 5%
\*\* significativo al 1%

Analizzando la Tabella 11, si può notare che la media (**x**) degli elementi grammaticali nel gruppo controllato è più bassa in tutti gli elementi rispetto al gruppo non controllato. Allo stesso modo, ci sono differenze significative a favore del gruppo controllato nella determinazione di aggettivi, pronomi, soggetti e verbi. Si può quindi concludere che il processo di feedback continuo ha avuto un impatto positivo sulle prestazioni scritte degli studenti. In contrasto con i risultati ottenuti nel caso degli avverbi, che possono occupare posizioni diverse all'interno della grammatica inglese, e nel caso delle preposizioni, che necessitano di un vocabolario specifico e possono anche occupare posizioni diverse all'interno della struttura grammaticale. I dati rilevati indicano che questi due elementi grammaticali sono statisticamente uguali.

## Indicatori di valutazione del livello in Beginner A1.

Viene presentata una tabella comparativa dei risultati ottenuti tra le medie del gruppo controllato e di quello non controllato, dove si considera che il primo ha ricevuto un processo di feedback in ciascuno degli indicatori e l'altro no. La Tabella 12 mostra una sintesi dei risultati ottenuti.

**Tabella 12.** Indicatori di controllo del livello Principiante A1.

| FLUENCY | | ORGANIZATION | | SPELLING | | PUNCTUATION | | VOCABULARY | |
|---|---|---|---|---|---|---|---|---|---|
| $\bar{x}_{int}$ | $\bar{x}_{nint}$ | $\bar{x}_{int}$ | $\bar{x}_{nint}$ | $\bar{x}_{int}$ | $\bar{x}_{nint}$ | $\bar{x}_{int}$ | $\bar{x}_{nint}$ | $\bar{x}_{int}$ | $\bar{x}_{nint}$ |
| 1,722 | 2,196 | 2,019 | 2,375 | 2,315 | 3,125 | 1,204 | 1,643 | 1,889 | 2,321 |
| 3,527 0,001** | | 2,691 0,008** | | 1,671 0,098 | | 3,902 0,000** | | 3,054 0,003** | |

\* significativo al 5%
\*\* significativo al 1%

27

Nell'ambito degli indicatori di valutazione, sono state riscontrate differenze statisticamente significative a favore del gruppo controllato in termini di fluidità, organizzazione, punteggiatura e lessico come conseguenza dell'effetto del feedback. In termini di ortografia, i gruppi sono statisticamente uguali, senza differenze significative tra i tassi di errore.

## Indicatori di valutazione del livello in Elementare A2

Le differenze nelle medie sono presentate nella sezione di scrittura del test finale del semestre marzo-agosto / 13 corrispondente al livello elementare A2.

**Tabella 13.** Differenza delle medie nel livello elementare A2.

| ADJECTIVES | | ADVERBS | | DETERMINANTS | | PREPOSITIONS | | PRONOUNS | | SUBJECTS | | VERBS | |
|---|---|---|---|---|---|---|---|---|---|---|---|---|---|
| $\bar{x}_{ct}$ | $\bar{x}_{cint}$ | $\bar{x}_{ct}$ | $\bar{x}_{cint}$ | $\bar{x}_{ct}$ | $\bar{x}_{cint}$ | $\bar{x}_{ct}$ | $\bar{x}_{cint}$ | $\bar{x}_{ct}$ | $\bar{x}_{cint}$ | $\bar{x}_{ct}$ | $\bar{x}_{cint}$ | $\bar{x}_{ct}$ | $\bar{x}_{cint}$ |
| 0,895 | 2,415 | 0,289 | 1,463 | 0,921 | 1,902 | 0,921 | 1,902 | 1,289 | 2,512 | 0,605 | 1,634 | 2,079 | 4,976 |
| 3,962 0,000** | | 4,211 0,000** | | 2,715 0,008** | | 2,715 0,008** | | 2,943 0,004** | | 3,381 0,001** | | 4,841 0,000** | |

\* significativo al 5%
\*\* significativo al 1%

Come mostrato nella Tabella 13, tutte le medie dell'errore (x) del gruppo controllato sono inferiori a quelle del gruppo non controllato. Pertanto, si può concludere che il processo implementato a questo livello ha avuto successo. Come si può vedere nella tabella, gli elementi grammaticali sono significativi (a = 0,01).

**Tabella 14.** Indicatori di controllo del livello elementare A2.

| FLUENCY | | ORGANIZATION | | SPELLING | | PUNCTUATION | | VOCABULARY | |
|---|---|---|---|---|---|---|---|---|---|
| $\bar{x}_{ct}$ | $\bar{x}_{cint}$ | $\bar{x}_{ct}$ | $\bar{x}_{cint}$ | $\bar{x}_{ct}$ | $\bar{x}_{cint}$ | $\bar{x}_{ct}$ | $\bar{x}_{cint}$ | $\bar{x}_{ct}$ | $\bar{x}_{cint}$ |
| 1,854 | 2,684 | 2,049 | 1,289 | 3,756 | 2,447 | 1,289 | 1,098 | 2,500 | 1,902 |
| 3,728 0,000** | | 3,570 0,001** | | 5,614 0,000** | | 2,212 0,030* | | 3,930 0,000** | |

\* significativo al 5%
\*\* significativo al 1%

Nella Tabella 14 si può notare che tutti gli indicatori di controllo sono significativi. Per quanto riguarda l'organizzazione, l'ortografia, la punteggiatura e il lessico, le differenze riscontrate non avvalorano l'ipotesi di partenza, poiché il gruppo non controllato commette meno errori e quindi ha una media più bassa. Al contrario, si verifica come nella fluidità le differenze riscontrate siano a favore del gruppo controllato con il quale il processo di feedback effettuato ha effetti positivi sugli studenti.

## Indicatori di valutazione del livello in Pre intermedio B1

I risultati della differenza delle medie, per i quali è stato utilizzato il test t degli studenti nella sezione di scrittura del test finale del semestre settembre 2013-febbraio 2014 tra i gruppi sopra menzionati, appaiono nella tabella seguente.

**Tabella 15.** Differenza delle medie nel livello Pre intermedio B1.

| ADJECTIVES | | ADVERBS | | DETERMINANTS | | PREPOSITIONS | | PRONOUNS | | SUBJECTS | | VERBS | |
|---|---|---|---|---|---|---|---|---|---|---|---|---|---|
| $\bar{X}_{est}$ | $\bar{X}_{ctrl}$ | $\bar{X}_{est}$ | $\bar{X}_{ctrl}$ | $\bar{X}_{est}$ | $\bar{X}_{ctrl}$ | $\bar{X}_{est}$ | $\bar{X}_{ctrl}$ | $\bar{X}_{est}$ | $\bar{X}_{ctrl}$ | $\bar{X}_{est}$ | $\bar{X}_{ctrl}$ | $\bar{X}_{est}$ | $\bar{X}_{ctrl}$ |
| 0,484 | 6,000 | 0,677 | 1,556 | 1,774 | 1,417 | 0,419 | 2,278 | 1,484 | 1,167 | 0,355 | 2,444 | 3,161 | 0,861 |
| 48,962 0,000* | | 3,367 0,001* | | 1,047 0,299 | | 5,048 0,000* | | 1,040 0,302 | | 5,811 0,000* | | 6,211 0,000* | |

\* significativo al 5%
\*\* significativo al 1%

Analizzando la Tabella 15, le medie del gruppo controllato di aggettivi, avverbi, preposizioni e soggetti sono inferiori a quelle del gruppo non controllato. Si può quindi concludere che il processo di feedback implementato è stato assimilato dagli studenti, generando così differenze statisticamente significative. D'altra parte, le medie del gruppo non controllato in determinanti, pronomi e verbi sono inferiori a quelle del gruppo controllato. Si può notare che in questi tre elementi grammaticali il gruppo non controllato ha commesso un numero minore di errori. Inoltre, si può notare che i determinanti e i pronomi sono statisticamente uguali.

**Tabella 16.** Indicatori di controllo del livello Pre intermedio B1.

| FLUENCY | | ORGANIZATION | | SPELLING | | PUNCTUATION | | VOCABULARY | |
|---|---|---|---|---|---|---|---|---|---|
| $\bar{X}_{est}$ | $\bar{X}_{ctrl}$ | $\bar{X}_{est}$ | $\bar{X}_{ctrl}$ | $\bar{X}_{est}$ | $\bar{X}_{ctrl}$ | $\bar{X}_{est}$ | $\bar{X}_{ctrl}$ | $\bar{X}_{est}$ | $\bar{X}_{ctrl}$ |
| 2,258 | 3,417 | 2,194 | 2,111 | 1,935 | 4,306 | 1,774 | 2,444 | 1,677 | 1,389 |
| 2,901 0,005** | | 0,492 0,624 | | 4,900 0,000** | | 3,880 0,000** | | 2,425 0,018* | |

\* significativo al 5%
\*\* significativo al 1%

Le differenze medie negli indicatori di fluidità, ortografia, punteggiatura e vocabolario sono significative, come si può vedere nella Tabella 16, dove ci si concentra su uno di questi aspetti; si può notare che nel caso del vocabolario le differenze non sono quelle attese, poiché la media più bassa (errori trovati) corrisponde al gruppo non controllato. Per quanto riguarda l'organizzazione, possiamo osservare che i gruppi sono statisticamente uguali, il che significa che il metodo implementato non ha influenzato positivamente il lavoro degli studenti.

Come sintesi, vengono presentate le tabelle dei valori di significatività per ogni elemento grammaticale, che mostrano l'impatto della tecnica sul sistema di insegnamento nella maggior parte degli elementi nei tre livelli della lingua inglese. Ciò dimostra che il metodo del feedback aumenta l'apprendimento degli studenti partecipanti alla presente ricerca nell'ambito della scrittura.

Contro i tre elementi grammaticali del livello principiante A1 e i due del livello preintermedio B1 in cui non si sono ottenuti risultati favorevoli al metodo implementato.

**Tabella 17.** Elementi grammaticali nei tre livelli.

| LEVEL | ADJECTIVES | ADBERVS | DETERMINANTS | PREPOSITIONS | PRONOUNS | NOUNS | VERBS. |
|-------|-----------|---------|--------------|--------------|----------|-------|--------|
| A1 | 0,033 | 0,223 | 0,000** | 0,055 | 0,000** | 0,004** | 0,004** |
| A2 | 0,000** | 0,000** | 0,008** | 0,008** | 0,004** | 0,001** | 0,000** |
| B1 | 0,000** | 0,001** | 0,299 | 0,000** | 0,302 | 0,000** | 0,000** |

\* Significant at 5%
\*\* significant at 1%

Allo stesso modo, si può notare nella tabella 17 che, nell'ambito degli indicatori di controllo, nella grande maggioranza degli elementi dei tre livelli si è ottenuto un impatto positivo nel processo di scrittura svolto dagli studenti di inglese e questo è stato l'effetto del feedback continuo. Solo in due elementi, uno del livello A1 e un altro del livello B1, non si sono ottenuti cambiamenti a favore dell'attività svolta.

**Tabella 18.** Indicatori di controllo ai tre livelli.

| LEVEL | FLUENCY | ORGANIZATION | SPELLING | PUNTUATION | VOCABULARY |
|-------|---------|--------------|----------|------------|------------|
| A1 | 0,001** | 0,008** | 0,098 | 0,000** | 0,003** |
| A2 | 0,000** | 0,001** | 0,000** | 0,030* | 0,000** |
| B1 | 0,005** | 0,0624 | 0,000** | 0,000** | 0,018* |

\* Significant at 5%
\*\* significant at 1%

# CONCLUSIONI

Dopo il processo, abbiamo potuto determinare che i problemi di scrittura in lingua inglese tra gli studenti universitari durante l'apprendimento di questa lingua sono: avverbi, preposizioni, determinanti e pronomi a diversi livelli e livello di indicatori di valutazione nell'ortografia e nell'organizzazione a due livelli. È stato identificato nelle composizioni scritte, attraverso la media degli errori tra i gruppi partecipanti, che gli errori sono a livello grammaticale; gli errori sono presenti dopo il processo di feedback dell'insegnante con gli studenti nei tre livelli.

L'uso corretto degli elementi grammaticali è stato indicato da [6], nella sua classificazione dei tredici errori, tra cui verbi, preposizioni, articoli, ortografia. È quindi possibile confrontare i risultati ottenuti attraverso gli elaborati scritti degli studenti che presentano difficoltà in aspetti grammaticali simili nei diversi livelli di insegnamento.

Nel livello Principiante A1, le difficoltà nella gestione degli avverbi e delle preposizioni, simili a quelle proposte da [19], in particolare in relazione alla gestione degli avverbi. Nel livello elementare A2 sono stati ottenuti risultati positivi in tutti gli elementi grammaticali e di valutazione rispetto al lavoro scritto del gruppo di intervento.

Mentre nel Pre-intermedio B1 le carenze sono state riscontrate nella gestione dei determinanti e dei pronomi. Seguendo il lavoro di [13], si scopre che gli errori degli studenti cinesi nella gestione delle preposizioni, che fanno parte del gruppo dei determinanti, coincidono. La classificazione delle grammatiche si basa sui rispettivi livelli contenuti nelle guide della serie inglese Unlimited per ogni livello.

Gli elementi di valutazione utilizzati da questa unità accademica (fluidità, organizzazione, ortografia, punteggiatura e vocabolario) dai dati ottenuti nella presente ricerca, sono stati stabiliti a livello di vocabolario. Coincide con il lavoro svolto da [18], sia nel livello Principiante A1 che nel livello Elementare A2, è stato rilevato un uso limitato basato sulla pratica di una composizione guidata o controllata dagli insegnanti durante le ore di lezione.

[18] Si nota che l'ortografia è difficile da gestire. È un problema che non è stato possibile superare nei livelli Principiante A1 e Pre-intermedio B1 perché è presente nei vari elementi studiati. Nel livello Elementare A2, anche se questo errore non è stato eliminato, è stato possibile diminuirne la presenza negli elaborati scritti.

È stato stabilito che i gruppi presentano carenze negli elementi studiati in varie forme a ogni livello attraverso i risultati del test t degli studenti su campioni indipendenti e sono rappresentati nei valori p delle medie di errore come mostrato nella Tabella 4. Si propone per la ricerca futura l'implementazione di un modulo per l'insegnamento consecutivo delle abilità di scrittura. Lo stesso che farebbe parte del syllabus che ogni insegnante stila all'inizio del semestre e che dovrebbe essere seguito, indipendentemente dal cambio di insegnante, così come dalla frequenza di studio degli studenti.

# RIFERIMENTI BIBLIOGRAFICI

Abad, M. (1979). La valutazione della fiabilità e della validità del questionario. In *Indagine valutativa sulla documentazione. Applicazione alla documentazione medica.* (180-183). Valencia: Università di Valencia.

Alvarez, S. (2004). *La grammatica del testo.* Quito: Libresa.

Alvarez, I. y Alvarez, A. (2005a). *Hablar en espanol.* Universidad de Oviedo: Oviedo. Alvarez, I. y Alvarez, A. (2005b). *Escribir en espanol. La creazione del testo scritto.*

*Composizione e uso di modelli di testo.* Oviedo: Nobel, S.A.

Asamblea Constituyente (2008). Constitucion Ecuatoriana. Disponible en: http://www.unesco.org/culture/natlaws/media/pdf/ecuador/ecuador constitucion po litica 1998 spa orof.pdf [2014, 14 de febrero]

Asamblea Constituyente (2008). Costituzione ecuatoriana. Disponibile in: http://www.asambleanacional.gov.ec/documentos/constitucion de bolsillo.pdf [2014, 14 de febrero].

Argüelles, I. (2004). *Valutazione e valutazione dei resoconti di testi espositivi in aula: la guida "BARBAR".* Madrid: Universidad Politécnica de Madrid.

Borda, M., Tuesca, R. y E. Navarro. (2014). Ricognizione dei dati. In *Métodos cuantitativos. Herramientas para la investigación en salud.* (4^ ed.). (pp.43-64). Barranquilla: Universidad del Norte.

Brennan, J. (1999). *Storia e sistemi della psicologia.* (5a. ed.) Naucalpan de Juarez: Prentice Hall Hispanoamericana, S.A.

Chacon, G. P. (2017). Problemas fonologicos en aprendientes costarricenses de inglés (Difficoltà di pronuncia per gli apprendenti EFL costaricensi). LETRAS, 2(58), 141-171.

Celce-Murcia, M., Brinton, D. e Goodwin, J. (1996). Analisi ed evitamento degli errori. *EnTeaching pronunciation: Un riferimento per gli insegnanti di inglese a parlanti di altre lingue.* (15a ed.). Cambridge: Cambridge University Press.

Celce-Murcia, M., Brinton, D. e Goodwin, J. (2007). *Insegnare la pronuncia: Un riferimento per gli insegnanti di inglese a parlanti di altre lingue.* (15a.ed.). Cambridge: Cambridge University Press.

Clavijo Olarte, A. (2016). L'insegnamento dell'inglese nella scuola elementare: Alcune criticitàl. *Colombian Applied Linguistics Journal, 2*(18), 7-9.

Comision de las Comunidades Europeas. MCER (2002) *Libro blanco sull'educazione e la formazione: imparare e apprendere.* Bruselas. Autore.

Comparan, J., Amezcua, C., Arriaga, A. e Banuelos, G. (2007). *Lengua Espanola.*

(3a.ed.). Jalisco: Umbral.

Convenio Cultural entre el Gobierno de la República de Ecuador y el Gobierno del Reino Unido de Gran Bretana e Irlanda del Norte. (1979). Quito: Ministerio de Educacion.

Convenio Cultural entre el Gobierno de la República de Ecuador y el Gobierno del Reino Unido de Gran Bretana e Irlanda del

Norte. (1989). Quito: Ministerio de Educacion.

Corder, S. (1982). *Analisi degli errori e interlingua.* Oxford: Oxford University Press.

Diez-Bedmar, M. (2011). Uso dell'inglese da parte degli studenti pre-universitari spagnoli: Risultati CEA dell'esame di ammissione all'università. *Rivista internazionale di studi sull'inglese.* Murcia: Università di Murcia.

Dupont, L. (2004). *1001 trucos publicitarios.* México: Lectorum.

Espinoza, A. (2013). *Acuerdo Ministerial.* Disponibile en:http://educacion.gob.ec/wp-content/uploads/downloads/2014/01/ACUERDO 440-131.pdf [2015. 14 de octubre].

Gass, S., Benney, J. e Plonsky, L. (2013). Analisi degli errori. In *Acquisizione di una seconda lingua: Un corso introduttivo* (4a.ed.). (pp.91-96). Collepino: Routledge.

Garcia, M. (1998). *Metodologi'a per l'apprendimento dell'espressione scritta in lingua inglese nel corso di laurea.* Tesi di dottorato. Jaén, Università di Jaén.

Giron, J. (1993) *Introduzione alla spiegazione lingüi'stica dei testi: Metodologia e pratica dei commenti linguistici.* (3a.ed.). Madrid: Edinumen.

Gluth, E. (2003).Analisi degli errori. L'*analisi costruttiva e l'analisi degli errori in relazione al loro trattamento del fenomeno dell'evitamento.* (pp. 6-8). Norderstedt: GRIN Verlag.

Gomez, M. (2006). *Introduzione alla metodologia dell'indagine cienti'fica.* (1^ ed.). Cordoba: Brujas.

Han, Z. (2003). *Fossilizzazione nell'acquisizione di una seconda lingua da parte degli adulti^.* New York: Cromwell Press Ltd.

Harmer, J. (2010). *Come insegnare l'inglese.* Oxford: Ocelot Publishing.

Hernandez, R., Fernandez, C. e Baptista, M. (2010). *Metodologia dell'indagine.* Messico D.F.: McGRAW-HILL.

Hutchinson, E. (2005). Irvine, CA: Saddleback Educational Publish.

James, C. (2013). *Errori nell'apprendimento e nell'uso delle lingue. Esplorare l'analisi degli errori.* New York: Routledge.

Jensen, E. (2004). *Cerebro y aprendizaje: competencias e implicaciones educativas.* Madrid: Narcea, S.A.

Krashen, S. (2002): Il ruolo della prima lingua nell'acquisizione della seconda lingua. *Acquisizione della* seconda *lingua e apprendimento della seconda lingua.* (pp. 64-69). California: University of Southern California.

Lado, R. (1957). *Linguistica attraverso le culture: Linguistica applicata per insegnanti di lingue.* Michigan: University of Michigan Press.

Ley Organica de Educacion Superior. (2010). Registro ufficiale. Ministerio de Educacion.

Lombana, C. (2002). Alcune questioni per l'insegnamento della scrittura. *Open Journal Systems.* Universidad NacionaldeColombia .Disponibile en:http://www.revistas.unal.edu.co/index.php/profile/article/view/11314 [2013, 20 de julio].

Maqueo, A. (2005). *Ortografi'a*. México, D.F.: Lismusa.

Marimon, C. (2006). Le operazioni argomentative: Le premesse e gli argomenti. En *E- excelence para red de comunicaciones Internet*. (pp. 9-11). Madrid: Liceus, servicios de Gestion y Comunicacion S.L.

Martinez, M. (2006). *Corso di lettura e rielaborazione. Un approccio costruttivista*. Messico: Pearson Educacion.

Méndez, C. (2012). *Convergenza educativa e diversità culturale nell'EEES. Dalle aule universitarie multiculturali di lingue secondarie (E/LE) alla competenza interculturale*. Salamanca: Universidad de Salamanca.

Meno, F. (2002). Un nuovo approccio per l'apprendimento e lo studio delle lingue. *Revista de educacion. 329*. (331), 257-261.

Meno, F. (2004). L'apprendimento delle lingue straniere nel corso della vita. En E. Alcaraz (Comp.). *Nuove forme di apprendimento delle lingue straniere*. (pp. 29-32, 37-41). Madrid: Estilo Estugraf Impresores, S.I.

Ministerio de Educacion, Cultura y Deporte (2002). *Marco comun europeo di referendum per le lingue: Apprendimento, apprendimento, valutazione*. (Trad. dall'Instituto Cervantes). Madrid: Secretaria General Técnica de MEDCD y grupo Anaya.

Mafokozi, J. (2009). *Introduzione alla statistica: per la gente di lettere*. Madrid: CCS.

Munoz, R. (2011). *Analisi multidimensionale della scrittura accademica degli studenti universitari in inglese come lingua straniera: Variabili lingüi'stiche ed extra-linguistiche*. Tesi di dottorato. Malaga, Universidad de Malaga.

Munoz-Basols, J., Pérez, Y. y David, M. (2012). *Sviluppare le abilità di scrittura in spagnolo*. New York: Routledge.

Mora-Flores, E. (2009). *L'insegnamento della scrittura per gli studenti di lingua inglese. Un focus sul genere*. California: Corwin Press.

Nunan, D. (2011). *Insegnare l'inglese ai giovani studenti*. Anaheim, CA: Anaheim University Press.

Odlin, T. (1997). Problemi di analisi contrastiva. En *Trasferimento linguistico: Influenza linguistica nell'apprendimento delle lingue*. (6a.ed.). (pp. 17-20). Cambridge: Cambridge University Press.

Osborn, T. (2005). *Riflessione critica e classe di lingua straniera (PB)*. Westport, CT: Information Age Publishing, Inc.

Pozo, I. (2009). Le concezioni sull'apprendimento. Dalla teoria della copia alla costruzione del sapere. In I. Pozo e M. Pérez (Coord.). *Psicologi'a dell'apprendimento universitario. La formazione in competenze*. (pp. 80-83). Madrid: MORATA, S.L.

Rajadell, M. (2009) *Creazione di imprese*. (3a. ed.). Barcellona: Universitat Politécnica de Catalunya.

Schunk, D. (1997). Temas fundamentales en el estudio del aprendizaje.En. *Teori'as del aprendizaje*. (2a. ed.).(pp. 12-16). Nalcaupan de Juarez: Pearson Education.

Spillner, B. (1991). Introduzione. En *Analisi dell'errore: Una bibliografia completa*. (pp. XIII -XV). Amsterdam: John Benjamins Publishing.

Spratt, M., Pulverness, A. y Williams, M. (2005). *Il corso TKT Teaching Knowledge Test*. Cambridge: Cambridge University Press.

Srivoranart, P. (2011). *Il processo di apprendimento dell'ELE da parte degli studenti tailandesi: Condicionantes lingüi'sticos y culturales.* Tesi di dottorato. Università di Alcala.

Suazo, G. (2000). I segni di puntuazione. In *prontuario di ortografia spagnola. include le nuove regole.* (pp.107-137). Madrid: Edaf, S.A.

Susz, P. (2005). Lengua y ser. En *La diversidad asediada: Escritos sobre culturas y mundializacion.* La Paz. (pp. 518 - 522). La Paz: Plural editores.

Rico, R. y Doria, E. (2005). *Marketing al dettaglio: Il nuovo marketing per il commercio minoritario.* (2a. ed.). Buenos Aires: Pearson Educations S.A.

Taghavi, M. (2012). *Analisi degli errori nella composizione di studenti iraniani di livello intermedio inferiore.* Rasht: Università di Guilan.

Tan, H. (2006). *Uno studio sugli errori di scrittura degli studenti EFL e sulle strategie didattiche.* Taiwan: Università di KunShan.

Torres-Gonzalez, R. (2002). *Idioma, bilingüismo e nacionalidad: La presenza dell'inglese a Porto Rico.* Porto Rico: Universidad de Puerto Rico.

Valle, J. (2011). Le iniziative dell'Unione Europea in materia di innovazione educativa. En Estudio sobre la innovacion educativa en Espana. *Innovacion.* 17, 460 -463

Van Pattern, B. e Benati, A. (2010). L'analisi dell'errore/errore. En *termini chiave nell'acquisizione di una seconda lingua.* (pp. 82-85). New York: Contiuum International Publishing Group.

Verdü, M., Verdü, J. e Coyle, Y. (2002). *L'apprendimento dell'inglese nell'aula primaria: proposta per la creazione di unità didattiche.* Murcia: Editum.

Watcharapunyawong, S. y Yusaha, S. (2012). Errori di scrittura degli studenti EFL tailandesi in diversi tipi di testo. L'interferenza della prima lingua. En *Insegnamento della lingua inglese.* 6 (1), 67-78. Nakhon Rachasima: Università di tecnologia di Suranaree.

Wetzorke, R. (2005). Che cos'è l'analisi degli errori e quali sono i suoi obiettivi? Un'*introduzione al concetto di analisi degli errori.* (pp. 2-3). Norderstedt: GRIN Verlag.

Yang, X. y Xu, H. (2001). Teorie dell'analisi degli errori. *Errori di creatività: An analysis of lexical errors committed by Chinese ESL students* (pp. 9-17). Maryland: University Press of America, Inc.

Yanguas, A. (1983). *Errores gramaticales producidos por transferencia lingüi'stica en la adquisicion de un segundo idioma: Consideraciones teoricas sobe una ilustracion contrastiva Espanol- Inglés.* EDITUM (a cura di). Madrid: SGEL-Educacion

Zanon, J. (2007). Psicolingüistica e didattica delle lingue: Un approccio storico e concettuale. *Marco ELE Revista de didàctica ELE,* 5, (1-30).